Arnau de Vilanova Institute of

Medieval Studies e.t.s.

NECESSITÀ DI RICLASSIFICAZIONE DEGLI AIUTI DI STATO IN MATERIA CULTURALE

SALVATORE AURELIO BRUNO

ATTI CONVEGNO
Medicina e simboli in tempo di pandemie.

Il caso dei simboli medico-astrologici di Argimusco

Medicina e simboli in tempo di pandemie.

Il caso dei simboli medico-astrologici di Argimusco

Ministero della Cultura

Direzione Generale Educazione, ricerca e istituti culturali

edizione maggio, 2022

NECESSITA' DI RICLASSIFICAZIONE DEGLI AIUTI DI STATO IN MATERIA CULTURALE

Salvatore Aurelio Bruno[1]

PREMESSA: L'OCCASIONE DEL BANDO BORGHI STORICI DEL PNRR ITALIA

Il bando citato nel titolo è finanziato dal Piano Nazionale di Ripresa e Resilienza missione 1 – digitalizzazione, innovazione, competitività e cultura, component 3 – cultura 4.0 (m1c3). misura 2 "rigenerazione di piccoli siti culturali, patrimonio culturale, religioso e rurale", investimento 2.1: "attrattività dei borghi storici", Pnrr, missione 1 – digitalizzazione, innovazione, competitività e cultura, component 3 – cultura 4.0 (m1c3). misura 2 "rigenerazione di piccoli siti culturali, patrimonio culturale, religioso e rurale", investimento 2.1: "attrattività dei borghi storici" e gestito dal Ministero della Cultura, Segreteria Generale.

---

[1] Esperto Legale Senior c/o ADG POC Cultura e Sviluppo 2014-2020 - Segreteria Generale, Ministero della Cultura

La linea di intervento b è finalizzata alla realizzazione di Progetti locali di rigenerazione culturale e sociale di almeno 229 borghi storici, in coerenza con il target previsto dalla scheda relativa all'investimento 2.1 del PNRR-M1C3-Cultura. Le risorse disponibili per la Linea di azione B sono complessivamente pari a 580 milioni di euro di cui - 380 milioni di euro per i Progetti locali di rigenerazione culturale e sociale presentati dai Comuni - 200 milioni di euro quale regime d'aiuto, attivato attraverso una procedura centralizzata di responsabilità del MiC, a favore del micro, piccole e medie imprese, profit e non profit, localizzate o che intendono insediarsi nei borghi che saranno selezionati. La prima componente della Linea B (che non comprende il regime d'aiuto) si attua tramite avviso pubblico emanato dal MiC per il finanziamento dei Progetti locali di rigenerazione culturale e sociale presentati da Comuni in forma singola o aggregata (fino ad un massimo di 3 Comuni) con popolazione residente complessiva fino a 5.000 abitanti. Le aggregazioni di comuni possono riguardare comuni limitrofi o comuni ricadenti nella medesima regione che condividono medesimi tematismi.

L'art. 4 punto 13 del bando prevede quanto segue: "Al fine di assicurare il più ampio coinvolgimento delle comunità locali, le candidature possono essere corredate dall'adesione, con uno o più atti, di partner pubblici e privati, diversi dai soggetti attuatori (Comune proponente o Comune aggregato), i quali si impegnano a concorrere al raggiungimento degli obiettivi dei Progetti locali di rigenerazione culturale e sociale attraverso interventi di cofinanziamento o l'esecuzione di interventi sinergici e integrati con quelli previsti nel medesimo Progetto. In questo quadro, saranno ritenute meritevoli di un maggior punteggio le candidature accompagnate da formule di partenariato in grado di esprimere efficaci forme di coordinamento e collaborazione tra soggetti pubblici e privati, livelli istituzionali, *soggetti del terzo settore* e altri attori rilevanti per la realizzazione del Progetto. In particolare, saranno positivamente apprezzate, oltre a quegli accordi tra pubbliche amministrazioni in grado di favorire la efficiente ed efficace gestione di servizi e attività, forme flessibili e innovative di gestione in ambito culturale attraverso il ricorso a partenariati pubblico-privato, già perfezionati al momento della presentazione della candidatura o da perfezionarsi nei termini previsti dal Progetto nel rispetto delle pertinenti disposizioni di legge, anche in coerenza con quanto disposto dal Codice dei Contratti Pubblici, dal *Codice del Terzo Settore* e dal Codice dei

Beni Culturali e del Paesaggio e nel rispetto di quanto richiamato all'art. 2 comma 5".

Orbene, il bando si propone di promuovere forme di *"collaborazione tra soggetti pubblici e (...) soggetti del terzo settore"* anche attraverso il ricorso a *"partenariati pubblico-privato, già perfezionati al momento della presentazione della candidatura o da perfezionarsi"*.

Verosimilmente, gli obbiettivi e le strategie dell'investimento 2.1: "attrattività dei borghi storici" del PNRR Italia potrebbero interessare molti stakeholders locali costituiti, sotto forma di Ente del Terzo Settore, interessati alla valorizzazione dei beni culturali nei borghi storici minori.

———

Le novità normative che verranno illustrate nel successivo paragrafo rappresentano, però, un serio *vulnus* interpretativo e di certezza del diritto, possibile causa di blocco di procedimenti amministrativi per la candidatura all'accesso a dette ingenti risorse, anche, in ipotesi, da parte di possibili coalizioni di Comuni il cui territorio potrebbe interessare l'area su cui insistono i complessi statuari simbolici oggetto del presente meritorio convegno.

4

Ovvero, un RUP o un segretario comunale messi di fronte all'interpretazione giuridica dei principi nazionali ed europei degli istituti del PPP e/o della concessione, che vedremo tra breve, potrebbero ragionevolmente e prudentemente optare di escludere l'applicazione dell'istituto del partenariato pubblico-privato e la stipula di accordi con enti del terzo settore, in contrasto con le stesse previsioni del bando, nella formulazione del progetto.

Intento di questo studio è tentare di individuare e mettere in luce i detti punti di confusione e di mancata certezza del diritto, al fine di trovare delle soluzioni che rispettino tanto la lettera e il senso delle leggi quanto gli indirizzi e le finalità del bando PNRR citato.

Lo strumento operativo individuato per la proposta delle dette soluzioni è la riclassificazione dei regimi degli Aiuti di Stato.

UNA LEGGE CHE ESCLUDE IL PPP ED IL TERZO SETTORE DALLA GESTIONE DEI SERVIZI DI VALORIZZAZIONE E PER IL PUBBLICO

L'art.8 comma 7-bis della L.120/2020[1] ha apportato alcune modifiche al Codice dei Beni Culturali e del paesaggio, di cui al decreto legislativo 22 gennaio 2004, n. 42: in particolare: a) all'articolo 115 comma 3, primo periodo, le parole: "delle attività di valorizzazione" sono state sostituite dalle seguenti: "ovvero mediante l'affidamento di appalti pubblici di servizi"; b) all'articolo 115 al comma 4, terzo periodo, dopo le parole: "di cui all'articolo 114" sono state aggiunte le seguenti: "ferma restando la possibilità per le amministrazioni di progettare i servizi e i relativi contenuti, anche di dettaglio, mantenendo comunque il rischio operativo a carico del concessionario e l'equilibrio economico e finanziario della gestione"; c) all'articolo 117, comma 3, sono stati aggiunti i seguenti periodi: "Qualora l'affidamento dei servizi integrati abbia ad oggetto una concessione di servizi ai sensi dell'articolo 3, comma 1, lettera vv), del decreto legislativo 18 aprile 2016, n. 50, l'integrazione puo' essere realizzata anche indipendentemente dal rispettivo valore economico dei servizi considerati. E' ammessa la stipulazione di contratti di appalto pubblico aventi ad oggetto uno o più servizi tra quelli di cui al comma 1 e uno o piu' tra i servizi di pulizia, di vigilanza e di biglietteria[2]".

Per come si vede, la legge ha ristretto le possibilità di gestione indiretta dei beni culturali di appartenenza pubblica alle sole forme della concessione servizi e dell'appalto e non alle altre forme del PPP o del project financing, per come previsto nell'ancora vigente DM 29 gennaio 2008[3] che al comma 6 richiama il project financing di cui "agli articoli 152 e seguenti del decreto legislativo 12 aprile 2006, n. 163".

Tanto è reso evidente, non solo dalla lettera immutata del comma 3 dell'articolo 115 ("concessione a terzi") del D.Lgs 42/04 e dalla nuova versione dell'articolo 117, comma 3 C.b.C. che fa riferimento alla concessione di servizi ex-articolo 3, comma 1, lettera vv), del decreto legislativo 18 aprile 2016, n. 50, ma anche dal riferimento fatto dal comma 4 dell'art. 115 C.b.C. al solo *rischio operativo*", espressamente previsto per le sole concessioni in forza dell'art. 3 comma 1 punto vv) e dell'art. 165 comma 1 del D.Lgs 50/16) e non anche ai "rischi di costruzione, domanda e disponibilità" proprio dei PPP a norma dell'art. 180 comma 3 del Codice Contratti.

Ed ancora, nonostante il tanto parlare sulla socializzazione dei beni culturali per gli scopi sussidiari di solidarietà, oggi tanto apprezzati dalla Corte Costituzionale (si veda più avanti), la novella ipso iure esclude che venga applicata la normativa delle concessioni servizi, prevista dal Codice dei Beni Culturali, ai servizi di interesse generale non economici, ovvero ai servizi sociali di interesse generale[4] che interessano la cultura. Infatti, l'articolo 3, comma 1, lettera vv), del decreto legislativo 18 aprile 2016, n. 50, richiamando l'istituto della concessione di cui alla normativa unionale, e non un tertium genus della stessa, fa sì che si applichi l'art. 4 c.2 della Dir.2014/23/UE e l'art. 164 c.3 del D.gs 50/16, che tassativamente escludono possa essere applicato l'istituto delle concessioni ai servizi di interesse generale di tipo sociale e non economico. In particolare, l'articolo 4 comma 2 della Direttiva 2014/23/UE recita: *"I servizi non economici di interesse generale non rientrano nell'ambito di applicazione della presente direttiva"*.

In altre parole, i nuovi articolati escludono gli operatori del terzo settore dalla gestione dei servizi di valorizzazione e dei servizi al pubblico appunto perché tali operatori rendono servizi di tipo non economico cui non si applica la normativa sulle concessioni di servizi. Salvo che tali enti del terzo settore partecipino e

8

vincano gare di appalto: cosa quanto mai improbabile considerati i presupposti di gara di cui alla valutazione comparativa sulla sostenibilità economico-finanziaria della gestione indiretta, previsti all'art. 115 comma 4 C.b.C..

Al di là delle previsioni fatte nel Codice del Terzo Settore[5], manca, poi, una specifica norma di collegamento tra il Codice dei Beni Culturali e del Paesaggio con detto Codice del Terzo Settore, cosa che invece la L.120/20 ha fatto con riferimento ad alcuni richiami fatti nel D.Lgs 50/16 e smi al Codice del Terzo Settore.

Al di là della ragionevolezza di tale scelta di esclusione fatta dal legislatore rispetto alle conseguenze per la redditività dell'offerta culturale lasciate dalla crisi pandemica, crediamo, dunque, rebus sic stantibus, a questo punto di evoluzione normativa, ineludibile procedere ad una riclassificazione delle possibili modalità di gestione dei servizi al pubblico per il patrimonio culturale in titolarità pubblica e, più specificamente, per i luoghi della cultura.

Questo il perimetro di ricerca che ci proponiamo con il presente saggio. Ci scusiamo sin d'ora per ogni eventuale approssimazione causata, oltre che da nostre insufficienze, dalla vastità degli argomenti spazianti dal regime dei SIEG[6] o SSIG agli aiuti di Stato, dalla normativa di public procurement Europea ed Italiana alla normativa italiana in materia di terzo settore.

LE ESPERIENZE DI PPP NEL SETTORE DEI BENI CULTURALI

In altra sede[7] abbiamo spiegato le gravi ragioni di congiuntura economica internazionale, poi precipitate nell' Eurostat 2010[8], che hanno condotto il legislatore a scelte[9], giustificate sul piano dell'urgenza, ma forse non meglio ponderate dal punto di vista della costituzionalità e della coerenza con l'ordinamento giuridico tanto in termini di contrattualistica pubblica come in quelli della specificità normativa sui beni culturali. Sugli strumenti indicati dal legislatore della decretazione delegata del Codice dei Contratti Pubblici, ovvero, concessione, finanza di progetto, PPP, etc., tutti riassunti nella Parte III relativa alle concessioni e nella Parte IV del Codice dei Contratti Pubblici relativa al Partenariato Pubblico Privato (PPP[10]) da tempo ci si interroga sulla validità degli stessi strumenti per la realizzazione di interventi di conservazione e valorizzazione per i beni culturali[11].

La Sezione di Controllo della Corte dei Conti[12], in un suo rapporto di qualche anno fa sulle sponsorizzazioni ed il partenariato pubblico privato, ha evidenziato l'insuccesso degli istituti della finanza di progetto e concessione causa la totale assenza di iniziative[13].

In proposito, la Corte dei Conti nella Relazione citata scrive che *"interferisce con la disciplina generale del project financing la normativa in materia di tutela contenuta nel codice dei beni culturali e del paesaggio. Il codice prevede, infatti, un doppio regime di autorizzazioni in relazione ai beni appartenenti al patrimonio culturale e, segnatamente: - un controllo preventivo della soprintendenza sul progetto e sull'esecuzione dei lavori volto a prevenire manomissioni o alterazioni pregiudizievoli dei caratteri distintivi del bene culturale (art. 21); - un controllo da parte della soprintendenza sull'uso del bene culturale diretto ad evitare pregiudizi per la conservazione del bene e il decoro della sua immagine (artt. 57-bis e 106).*

Tale doppio regime autorizzatorio della Soprintendenza, necessario per il peculiare valore del patrimonio oggetto di investimento, ha verosimilmente reso non attrattivo l'investimento causa il forte rilievo del rischio burocratico tanto in termini di rischio di costruzione [14] quanto di rischio di disponibilità [15], per rimanere nei termini delle definizioni

Eurostat 2004 e di cui all'art.3 aaa), bbb), ccc) del Codice Contratti Pubblici vigente.

E' ovvero comprensibile che un investitore privato si ritiri da ogni proposito d'investimento per la realizzazione di opere pubbliche nel settore laddove incomba la spada di Damocle di un'eventuale mancata autorizzazione sull'esecuzione dei lavori o sulla gestione del bene oggetto di investimento.

La detta genericità [16] forse ha contribuito al fallimento applicativo dell'istituto concessorio esteso ai lavori.

E' vero, ma è anche vero che l'operazione di PPP richiede costi elevati già in fase di impostazione e per giustificare tali costi (progettazione economico-finanziaria [17], tecnica, auditing bancari, valutazione dei rischi, etc) è necessario un costo elevato di investimento minimo.

In altri termini l'investimento medio per i servizi, essendo basso rispetto ai normali project finance per i lavori, non si rivela conveniente rispetto ai normali parametri dei mercati finanziari. Aumentare tali costi artificiosamente porterebbe per contro a non rispettare il parametro del *value for money*, ovvero la giustificazione della convenienza per l'amministrazione della scelta del PPP rispetto ai tradizionali appalti di servizi[18].

"Affinché tale convenienza sussista è auspicabile che le amministrazioni affidino la gestione di servizi culturali utilizzando non soltanto un'integrazione dei servizi interna ad una medesima struttura, ma anche un'integrazione territoriale, che coinvolga la gestione di più servizi relativi a più centri culturali disseminati sul territorio. Ciò potrebbe favorire economie di scala nella gestione dei servizi e rendere più conveniente l'operazione anche per il soggetto privato che dovrà ottenere una remunerazione adeguata della gestione del servizio in grado di generare, nella fase di gestione, flussi di cassa sufficienti a rimborsare il debito contratto ed il capitale di rischio[19]".

Altra dottrina parimenti scrive: "I pochi casi di ricorso efficace a tali strumenti denotano come maggiori possibilità di successo possano aversi ove essi siano inseriti in più ampie strategie di riqualificazione territoriale (formulate nell'ambito di piani strategici di sviluppo culturale)[20]".

Eppure tante speranze erano state suscitate da detti strumenti[21].

In tempi di ristrettezza di bilancio e Fiscal Compact, con la scure di Eurostat[22] gravante sulle speranze di indebitamento, il project finance era sembrata un'alternativa vera[23] al fine dell'intrapresa di politiche di valorizzazione e conservazione dei beni culturali.

Si era anche sperato di attivare forme di PPP istituzionale a mezzo delle società in house o anche a mezzo di fondazioni di partecipazione[24]. Qualche anno fa autorevole dottrina, sulla scorta della vicenda della positiva risposta dalla Corte di Giustizia Europea[25] sulla questione dell'ammissibilità della scelta del concessionario all'interno di un bando per la scelta del socio privato, interpretò con grande favore gli effetti di tale sentenza anche come soluzione per lo scollamento tra art.112 ed art.115 del D.Lgs 42/04[26]. In altri termini, l'autore vedeva, rispetto alle mancate attenzioni del mercato rispetto alla finanza di progetto nel settore culturale, una possibilità di rilancio a mezzo del PPP istituzionale oggi legittimato, non solo da sentenze della Corte di Giustizia Europea[27], ma anche dall'art.5 del D.Lgs 50/16 ed, in particolare, dal comma 3 dello stesso articolo sulla gestione in house.

Le cose non sono andate per come auspicato in nessuno dei casi.

Una precisazione per limiti di tempo e spazio, non esaminiamo la *vexata questio* dell'applicazione o meno del project finance al settore culturale come anche il tema cruciale del rapporto tra tutela/valorizzazione economica e fruizione del patrimonio culturale. Nota giurisprudenza ha esaminato la questione della destinazione ad un pubblico servizio non totalitaria con gestione privata di una parte (minoritaria) del bene culturale [28]. Ci limitiamo in nota a fare rinvio alla migliore dottrina in materia[29].

EUROSTAT E PATRIMONIO CULTURALE

Prima di affrontare il tema della riclassificazione di cui al titolo, occorre però fare una breve digressione al fine di capire le ragioni di un certo recente cambiamento di atteggiamento da parte del legislatore e della esclusione, per come visto prima, de iure, del PPP e della finanza di progetto dal novero dei sistemi per la realizzazione di lavori sui beni culturali.

Da tempo l'Ufficio Eurostat della Commissione Europea, per obblighi legati ai vincoli di bilancio[30], vigila sull'indebitamento degli Stati. Uno dei principali oggetti di attenzione è il settore dei PPPs[31].

Tra le tante condizioni per rimanere off-balance, ovvero non gravanti sull'indebitamento dello stato, i progetti devono ricevere un totale di agevolazioni non superiore al 50% del valore[32] degli asset oggetto di investimento[33].

Considerato che le opere in PPP nel settore dei beni culturali richiedono quasi sempre (causa la natura nella maggior parte dei casi "non calda" del settore) contributi pubblici a titolo di prezzo al fine del raggiungimento dell'equilibrio economico finanziario, difficilmente si potrà rimanere sotto la soglia del 50% di sostegno pubblico rispetto al valore degli asset oggetto di investimento (49% oggi è il limite fissato dall'art. 180 comma 6 del Codice Contratti).

Il settore culturale richiede, sempre e comunque, qualche forma importante di sostegno: tali sostegni in termini di agevolazione fiscale (*exemptions from liabilities*), di contributi a fondo perduto su stato di avanzamento o in conto gestione *(no-refundable milestone payments*), di prestito bancario *(loan)*, di partecipazione di capitale *(equity)*, di garanzia per la copertura del rischio (*financing guarantees*), ect., comunque cumulati non devono superare, però, il 50% sul valore, secondo un documento Eurostat Epec del settembre 2016[34].

Il problema è che Eurostat considera quale indebitamento pubblico da collocare on-balance [35] anche le agevolazioni, equities, garanzie, etc, a regime di mercato date a progetti di investimento in project finance da enti locali e da finanziarie pubbliche (non solo, dunque, i fondi perduti!!).

Ergo, a causa delle dette decisioni "soft-law" di Eurostat, ove esterne alla normative di esenzione che vedremo tra breve, lo Stato Italiano dovrebbe essere obbligato, comunque, a collocare tali progetti in PPP *on-balance*, ovvero gravanti sul debito pubblico, rendendo, probabilmente, vano il senso e l'impianto stesso del Decreto Legislativo 228/11[36] mirato a portare, invece, il carico debitorio *off-balance* ovvero sui privati concessionari.

La scelta che sembra, invece, avere prevalso, lo anticipiamo, è quella di sottrarsi al rischio della "censura" di Eurostat e considerare le spese per lavori per il patrimonio culturale quali spese giustificate dagli obblighi di tutela previsti dalla Costituzione per finalità sociali e non per finalità di mercato, per come previsto da legge ("prevalente vendita dei servizi sul mercato" art. 165 c.1 D.Lgs 50/16) con riferimento alle concessioni per lavori e gestione.

Si è probabilmente considerato che il rimanere nella definizione commerciale mercatistica del valore finanziariamente "bancabile" e misurabile potrebbe comportare, comunque, il rischio di fare rientrare il tutto nell'indebitamento pubblico, causa la necessità di contributi pubblici per il settore.[37]

Fatto sintetico riassunto di alcuni punti in tema dei vincoli di bilancio discendenti dal Fiscal Compact, serve ora una breve introduzione alla problematica degli aiuti di Stato e PPP nel settore culturale. Poi vedremo le conseguenze legislative determinate dalle scelte fatte per affrontare le problematiche arrecate da Eurostat.

GLI AIUTI DI STATO NEL SETTORE DELLE CONCESSIONI CULTURALI: BREVE RASSEGNA DEI TEMI IN MATERIA DI CONCESSIONI PER SERVIZI AL PUBBLICO SU BENI CULTURALI IN TITOLARITA' PUBBLICA

Di recente si è discusso molto (anche a sproposito[38]) sul tema dell'inserimento degli appalti per lavori ed attività culturali all'interno della nozione degli Aiuti di Stato[39]. Serve, seppure brevemente, riassumere i termini salienti del problema.

Le norme cardine che regolano oggi la materia degli aiuti di Stato sono gli articoli 107-109 del Trattato sul Funzionamento dell'Unione Europea (TFUE). In particolare, l'articolo 107 TFUE, nel suo primo comma, fissa un chiaro ed ampio divieto alle misure che costituiscono aiuti di stato, prevedendo letteralmente: *"Salvo deroghe contemplate dai trattati, sono incompatibili con il mercato interno, nella misura in cui incidano sugli scambi tra Stati membri, gli aiuti concessi dagli Stati, ovvero mediante risorse statali, sotto qualsiasi forma che, favorendo talune imprese o talune produzioni, falsino o minaccino di falsare la concorrenza"*. Ai sensi dell'art. 107, le condizioni che debbono dunque sussistere per aversi aiuti di

Stato sono: l'origine statale dell'aiuto (aiuto concesso dallo Stato o mediante risorse pubbliche); l'esistenza di un vantaggio a favore di talune imprese o produzioni; l'esistenza di un impatto sulla concorrenza; l'idoneità ad incidere sugli scambi tra gli Stati membri.

I menzionati criteri sono cumulativi e devono, pertanto, essere soddisfatti tutti affinché il sostegno si configuri come aiuto di Stato. Ne consegue che se uno dei criteri non è soddisfatto, il sostegno pubblico non costituisce un aiuto di Stato.

Rientrano tra gli aiuti compatibili, ai sensi dell'art. 108, paragrafo 3.d del TFUE, le misure adottate dagli Stati membri per *promuovere la cultura e la conservazione del patrimonio culturale quando non alterino le condizioni degli scambi e della concorrenza nell'Unione in misura contraria all'interesse comune.*

Con sentenza sul caso Leipzig-Halle del dicembre 2012, sul tema la Corte di Giustizia UE stabilì che i gestori di infrastrutture in PPP (partenariato pubblico privato) svolgono in linea di principio un'attività economica e che, pertanto, nel momento in cui ricevono fondi pubblici per costruire una nuova infrastruttura o ampliare infrastrutture esistenti, sono beneficiari di aiuti di Stato[40].

La Commissione Europea con documento Ares (2012)834142 – 01/08/2012, poco dopo, segnalò la *"possibile presenza di aiuti di Stato nei progetti infrastrutturali in PPP"...per musei e monumenti storici più grandi che godono di fama internazionale ... ove non è possibile escludere un effetto sulla concorrenza e sugli scambi tra Stati Membri. La valutazione dipende dall'effettiva/potenziale capacità di attrarre visitatori stranieri"*[41].

Il legislatore europeo, a quel punto, è dovuto intervenire disciplinando il finanziamento pubblico delle infrastrutture e delle attività culturali nell'ambito del Regolamento UE n. 651/2014 relativo ad alcune categorie di aiuti compatibili con il mercato interno in applicazione degli articoli 107 e 108 del trattato.

Seppure il regolamento autorizzi, da una parte, il finanziamento integrale delle attività culturali causa la mancanza di copertura finanziaria (cosiddetto *funding gap*), dall'altro lato, ha stabilito per la prima volta l'applicabilità delle regole degli aiuti di Stato e della concorrenza al settore culturale, applicazione prima ristretta al *"settore dell'industria creativa"* come quella degli audiovisivi, per esempio.

Nel caso non si possa escludere l'aiuto di Stato, l'art.53 del

Regolamento UE 651/2014, ha, comunque, previsto la non necessità delle notifica per alcuni investimenti, definiti *"in regime di esenzione"*. L'articolo ha fissato un elenco di situazioni il cui finanziamento può costituire aiuto di Stato in regime di esenzione tale da comprendere qualsiasi attività in campo culturale (*musei, siti archeologici, monumenti, archivi, biblioteche, teatri, sale da concerti, spazi culturali e artistici, il patrimonio immateriale, compresi i costumi e l'artigianato del folclore tradizionale, attività di educazione culturale e artistica, programmi educativi e di sensibilizzazione del pubblico*).

L'articolo riguarda gli aiuti agli investimenti, compresi gli aiuti per la creazione o l'ammodernamento delle infrastrutture culturali, ed al funzionamento. La soglia di notifica prevista è per investimenti per la cultura e la conservazione del patrimonio € 100 milioni per progetto; per il funzionamento la soglia è di € 50 milioni, per impresa per anno (poi innalzati rispettivamente a 150 mln e 75 mln[42]).

Se l'art. 53 ammetteva alcune attività nel regime di aiuti pur esentandole dal regime di notifica, per contro, il 72° considerando del medesimo regolamento ha, tuttavia, ristretto il campo ammettendo che il finanziamento in campo culturale può *"non comportare aiuti di Stato qualora non riguardi un'attività economica o quando non incida sugli scambi intracomunitari"*.

Se è il caso di *attività economica o che incida sugli scambi intracomunitari,* gli Stati Membri possono, se ritengono, invocare un SIEG, ovvero l'applicazione della normativa in materia di Servizi di Interesse Economico Generale. In tal caso si applicherebbero i principi della comunicazione SIEG[43], tratti dalla sentenza Altmark[44], de minimis[45], Decisione 21/2012[46]). In caso di notifica, la Commissione farà la valutazione della compatibilità con il mercato interno sulla base della Comunicazione SIEG e del summenzionato Articolo 107(3)(d) del TFUE.

Riassumendo, se da una parte il regolamento all'articolo 53 fa diventare aiuti di Stato esenti da comunicazione, in pratica, tutte le attività culturali, il considerando 72 ne restringe il campo di applicazione alle sole attività economiche e a quelle distorsive degli scambi tra Stati[47].

Con la Comunicazione 262/16[48] la Commissione Europea è stata chiamata a declinare ed interpretare le specifiche previsioni del Regolamento UE 651/2014.

Al punto 197 par. b) della Comunicazione 262/2016, la Commissione interpreta l'ultima parte del succennato Considerando 72 scrivendo: *"la Commissione ritiene che solo il finanziamento concesso a istituzioni ed eventi culturali di grande portata e rinomati che si svolgono in uno Stato membro e che sono ampiamente promossi al di fuori della regione d'origine rischia di incidere sugli scambi tra gli Stati membri"*.

La Comunicazione restringe, dunque, ulteriormente il perimetro di applicazione della normativa sugli aiuti di Stato nel settore culturale ai soli eventi culturali e alle istituzioni che svolgono attività economiche per come reso chiaro dall'incipit dello stesso punto b) che si rivolge a *"cultural events and entities performing economic activities"*[49].

La Commissione al punto 34 della Comunicazione 262/2016, sviluppando il tema di cui al 72° Considerando, scrive che *"talune attività concernenti la cultura, o la conservazione del patrimonio e della natura possono essere organizzate in modo non commerciale e, quindi, possono non presentare un carattere economico. Pertanto è possibile che il finanziamento pubblico di tali attività non costituisca aiuto di Stato"*. Ed ancora *"La Commissione ritiene che il finanziamento pubblico di attività legate alla cultura e alla conservazione del patrimonio* [50] *accessibili al pubblico gratuitamente risponda a un obiettivo esclusivamente sociale e culturale che non riveste carattere economico* [51]. *Nella stessa ottica, il fatto che i visitatori di un'istituzione culturale o i partecipanti a un'attività culturale o di conservazione del patrimonio (compresa la conservazione della natura), accessibile al pubblico siano tenuti a versare un contributo in denaro che copra solo una frazione del costo effettivo non modifica il carattere non economico di tale attività, in quanto tale contributo non può essere considerato un'autentica remunerazione del servizio prestato".*

Il punto 35 della Comunicazione 262/2016 afferma che: *"Dovrebbero invece essere considerate attività di carattere economico le attività culturali o di conservazione del patrimonio (compresa la conservazione della natura) (...) prevalentemente finanziate dai contributi dei visitatori o degli utenti o attraverso altri mezzi commerciali (ad esempio, cinema, spettacoli musicali e festival a carattere commerciale (...)"[52].*

Per come evidente i punti della Comunicazione 262/16 sopra esaminati si rivolgono esclusivamente ad attività e non a lavori di restauro di beni culturali, parlano di una capacità di redditività proveniente da sbigliettamento o altre entrate (contributi) provenienti dagli utenti e fanno un elenco, di tipo esemplificativo, che comprende *"cinema, spettacoli musicali e festival a carattere commerciale"[53].*

Il termine "attività culturali" potrebbe, in effetti, comprendere alcune delle attività di servizio al pubblico di cui all'art.117, comma 2 punto g) del D.Lgs 42/04 e smi, la cui gestione è effettuata con le attività di valorizzazione regolate dall'art.115 del D.Lgs 42/04[54].

Ancora una volta è però la stessa Comunicazione a restringere il campo: il cpv 207 della Comunicazione 262/16 fa sì, anzi, che un eventuale finanziamento per servizi aggiuntivi al pubblico ex-art.117 C.b.c., accessorio appunto a beni culturali restaurati, non incida in alcun modo negli scambi tra stati. L'ultimo periodo del cpv 207 infatti recita: *"Inoltre la Commissione ritiene che di norma il finanziamento pubblico concesso per servizi comunemente aggiuntivi a infrastrutture (come ristoranti, negozi o parcheggi a pagamento) che sono quasi esclusivamente utilizzate per attività non economiche non abbia, generalmente, alcuna incidenza sugli scambi tra Stati membri in quanto è improbabile che tali servizi attraggano clienti da altri Stati membri e che il loro finanziamento abbia un'incidenza più che marginale sugli investimenti o sullo stabilimento transfrontaliero"*.

Rimarrebbe fuori dal regime di non applicazione degli aiuti di Stato solo una parte delle attività riassunte al punto g) del comma 2 dell'art. 117 C.B.C. ("organizzazione di mostre e

manifestazioni culturali, nonchè di iniziative promozionali"),
ovvero, appunto, le attività di *"cinema, spettacoli musicali e
festival a carattere commerciale"*[55] ed ovviamente i casi di
attività dalla prevalente redditività basata sui pagamenti
(contributi) dell'utenza. Le "imprese culturali"[56] concessionarie
che per legge esercitano le *"attività culturali"* di cui alla
categoria generale della *"cultura e conservazione del
patrimonio"* più le altre ancillari dei servizi aggiuntivi, per come
disciplinate dall'art. 117 comma 2 C.B.C. e dall'art.53 dello
stesso Regolamento UE 651/14 [57], possono essere, dunque,
distinte in due tipologie: quelle che svolgono attività culturali di
tipo economico, ed in particolare in senso lato di spettacolo o
prevalentemente pagate dai contributi dei visitatori, e quelle che
svolgono attività culturali di tipo non economico. Le prime
sottoposte al regime degli aiuti di Stato e non sottoposte le
seconde.

La specifica fatta, grazie alle pressioni del Governo Italiano,
col cpv 207 della Comunicazione 262/16 , è stata
fondamentale.

Un aiuto di Stato compatibile potrebbe, infatti, essere erogato
solo a condizione che il beneficiario non sia "in difficoltà" a
norma del Considerando 14 del Reg.651/14. Orbene, se si

considera, come dice il Baldi, che "Nella gestione di un museo o nella realizzazione di un'iniziativa culturale, ben poche attività del settore, a causa di tali difficoltà, potrebbero beneficiare del finanziamento pubblico, assolutamente indispensabile per la loro sopravvivenza[58]", si ha chiara la dimensione del problema che sarebbe sorto se il settore culturale in generale fosse rimasto aiuto di Stato, seppure in regime di esenzione.

La spiegazione del Considerando 72 da parte della Commissione con la citata Comunicazione Interpretativa ha, di fatto, evitato una possibile inelegibbilità a finanziamento dei concessionari della maggior parte dei servizi di valorizzazione come anche dei servizi al pubblico, "causa difficoltà economiche".

La Comunicazione non è un regolamento ma sembra avere, comunque, risolto il problema sorto con la succitata interpretazione della sentenza CGUE Leipzig-Halle del dicembre 2012.

Bisogna notare, infine, che comunque le classificazioni relative a "spazi culturali e artistici, teatri, teatri lirici, sale da concerto, spettacolo dal vivo[59], cineteche, organizzazioni e istituzioni culturali e artistiche (art. 53 comma 2 punto a del Regolamento UE 651/14) e "eventi artistici o culturali, spettacoli, festival, mostre e altre attività culturali analoghe" (art. 53 comma 2 punto d del Regolamento UE 651/14) pur essendo state classificate quali "attività culturali economiche", hanno identico "rilievo sociale" in Italia in forza dell'inquadramento delle attività di fruizione e valorizzazione culturale, ed in generale della promozione culturale di cui all'articolo 9 della Costituzione, all'interno dei livelli essenziali delle prestazioni a norma dell'articolo 01 del DL 146/2015.

Esaminiamo, dunque, quest'ultimo tema.

LA CULTURA LIVELLO ESSENZIALE DELLE PRESTAZIONI

L'ordinamento giuridico nel settore culturale in Italia è andato incontro ad una rivoluzione copernicana che ne ha ridefinito alcuni confini in conseguenza delle nuove regolazioni europee in materia di servizi di interesse economico generale e di interesse non economico.

L'art. 01 del DL 146/15 (convertito con modificazioni dalla L. 12 novembre 2015, n. 182) è stato antesignano del cambiamento[60].

Esso stabilisce che tutte le attività riguardanti il patrimonio culturale devono essere comunque rese in quanto la *tutela, la valorizzazione e la fruizione* sono assurte al rango di *diritti inclusi nei livelli essenziali delle prestazioni.*

Il legislatore, in tal modo, prescrive ai pubblici poteri di garantire l'effettività delle stesse e, quindi, di conseguenza, di dare concreta attuazione a quelli che sembrano assumere i connotati di ulteriori *"nuovi diritti sociali"* a prestazioni riguardanti le attività principali relative ai beni culturali [61].

Ricordiamo che, ai sensi dell'art.120 comma 2 della Costituzione, in caso di mancato rispetto delle norme sulla tutela dei livelli essenziali delle prestazioni concernenti i diritti civili e

32

sociali, lo Stato si può sostituire ad organi delle Regioni, delle Città metropolitane, delle Province e dei Comuni[62].

Prestazioni, intese come diritti del cittadino e delle collettività, che devono essere comunque rese a prescindere, dunque, da considerazioni economiche o di capienza finanziaria.

Nello stesso senso, l'art. 4 della convenzione UNESCO, definisce "attività, beni e servizi culturali" quei beni o servizi che *"...incarnano o trasmettono delle espressioni culturali indipendentemente dal loro eventuale valore commerciale"*[63].

L'articolo 111, 4° comma, del Codice dei Beni Culturali prevede che le attività di valorizzazione consentono di agevolare l'espletamento dei compiti di *"utilità sociale per fini di solidarietà"*, espressamente attribuiti dal legislatore alle iniziative degli operatori privati.

Altrettanto, l'articolo 30 comma 1 del D.Lgs 50/16 prevede che *"Il principio di economicità può essere subordinato, nei limiti in cui è espressamente consentito dalle norme vigenti e dal Codice (Contratti), ai criteri, previsti nel bando, ispirati a esigenze sociali, nonché alla tutela (...) del patrimonio culturale (...).*

Se a ciò si aggiunge l'obbligo di tutela costituzionale del patrimonio culturale e le correlate previsioni del diritto penale per la tutela, ne riviene che la protezione dello stesso patrimonio

33

non può essere superata da valori o indicatori commerciali o finanziari[64].

Il patrimonio deve essere, dunque, tutelato quale principio di identità collettiva e strumento della memoria nazionale nonché quale valore indefettibile della stessa convivenza umana, non rimesso a condizioni e subordinate di valore bancario o finanziario[65].

Bisogna, però, a nostro avviso, aggiornare il concetto "del diritto ad ottenere prestazioni pubbliche" ancora ancorato a visioni novecentesche. In un ottica di sussidiarietà orizzontale, ove i cittadini organizzati e le formazioni sociali del partenariato possono concorrere alla ideazione, organizzazione e gestione dei servizi culturali pubblici, i partenariati sociali e le economie della partecipazione impongono non più di parlare di diritti a prestazioni pubbliche pagate dalla fiscalità a carico del contribuente. Alla luce della su esposta normativa sui LEP e del principio di sussidiarietà orizzontale di cui all'art. 118 comma 4 Costituzione, tale "pregiudiziale di copertura finanziaria pubblica" all'esercizio del diritto non è più attuale.

Senza alcuna copertura finanziaria pubblica la fruizione può essere, infatti, anche promossa e valorizzata da gruppi organizzati di cittadini a mezzo di strumenti quali le sponsorizzazioni culturali di cui alle forme speciali di partenariato o tramite social bonus o social lending[66] o, ancora, sotto forma di baratto amministrativo[67] a livello cittadino.

Si deve piuttosto parlare di *"diritti a fruire di opportunità"* che il pubblico, questo sì, deve mettere a disposizione delle forze sociali e partenariali organizzate. Opportunità per concorrere, dunque, alla gestione, alla migliore fruizione del patrimonio e, con riferimento alla valorizzazione, anche ad investimenti promossi, sotto l'egida delle organizzazioni del terzo settore, a totale carico del privato.

Non si deve trascurare la considerazione che viviamo da anni ormai in uno scenario Cultura 3.0 caratterizzato da varie forme di attiva partecipazione culturale dove la distinzione tra produttori e utenti di contenuti culturali sta continuamente svanendo e nuove vie di creazione di valore sociale ed economico emergono attraverso la partecipazione[68]. Il "diritto a fruire di opportunità" é, dunque, da intendere "a doppio senso" tanto per i cittadini quanto per le organizzazioni culturali del terzo settore, quali fruitori e, contemporaneamente, come ideatori, organizzatori e gestori dei servizi culturali stessi[69].

L'opportunità di cui si ha, pertanto, il diritto di fruire é anche il *"diritto alla partecipazione"* alla cultura tanto nel sopraccitato senso attivo (creativo) quanto nel (sempre più evanescente) senso passivo.

Tale diritto a fruire delle opportunità, generate dall'applicazione del principio di sussidiarietà orizzontale, inoltre, mette in armonia la logica aziendale e i valori culturali, per come emerge dalla lettura sistematica dell'art. 9 Costituzione insieme all'art. 97 Cost., all'art. 41 e all'art.119 Cost.[70].

Non è, dunque, più accurato dire che la mano pubblica è l'unica competente alle azioni sul patrimonio culturale, assumendo che l'art. 9 Cost. imponga, in qualche modo, una sorta di riserva a favore di una esclusiva gestione pubblica del patrimonio culturale. Verrebbero, infatti, pretermessi altri beni costituzionalmente protetti, come l'iniziativa economica privata di cui all'art. 41 Cost., ovvero l'autonoma iniziativa dei cittadini, singoli o associati, per lo svolgimento di attività di interesse generale.

Per tal via, si determinerebbe un ingiustificato *favor* per il pubblico, del tutto in contrasto con siffatti valori di pari dignità costituzionale, circostanza tanto più grave ove si consideri che tale opzione sarebbe sempre meno sostenibile dal fragilissimo equilibrio della finanza pubblica, oggi tutelato con i vincoli di bilancio di cui all'art. 97 della Costituzione[71].

Pertanto, per come sostiene autorevole dottrina[72], l'art.41 della Carta fa sì che ad agire sussidiariamente possano essere anche operatori economici profit, legittimati tanto quanto quelli no-profit.

Bisogna annotare, infine, una "inversione della polarità pubblico-privato" che ha caratterizzato l'intervento degli apparati pubblici nel senso che, nella dimensione della sussidiarietà orizzontale, la regola è rappresentata dal privato, mentre il pubblico costituisce l'eccezione[73].

Circa la determinante importanza che ha assunto la teoria e la pratica della sussidiarietà orizzontale, anche come deroga all'applicazione del Codice Contratti al settore sociale, si rimanda in nota in appresso, alle importanti sentenze della Suprema Corte: la 131.20 e la 255.20. Sul tema della sussidiarietà orizzontale applicata al terzo settore torneremo tra breve.

MODIFICHE AL CODICE DEI CONTRATTI PUBBLICI E AL REGOLAMENTO: SCOMPARSA DI UN ISTITUTO TRAVAGLIATO

La parziale ripudia del principio di economicità espressa, e vista prima, dall'articolo 30 comma 1 del D.Lgs 50/16 trova sponda nella mancata riconferma e/o abolizione di ogni norma del Codice dei Contratti relativa al PPP o project finance[74] nel settore dei lavori sui beni culturali[75].

L'art. 197, c. 3, del vecchio d.lgs. n. 163/2006, prevedeva che la disciplina del promotore finanziario e della società di progetto si applicasse anche all'affidamento di lavori e servizi relativi ai beni culturali[76], nonché alle concessioni di cui agli artt. 115 e 117 del d.lgs. n.42/2004. La previsione succitata non è stata, però, confermata.

L'art. 197, 3 comma del D.Lgs 163/06 è stato abrogato ma non sostituito con un simile articolato. Anzi.

Nel D.Lgs 50/16 art. 145 comma 3, si prevede che "*per quanto non diversamente disposto nel presente capo, trovano applicazione le pertinenti disposizioni del presente codice*". Tale norma residuale non richiama la finanza di progetto e la concessione come strumenti per l'affidamento di lavori e servizi nel settore culturale. Al contrario nello stesso codice, nella parte relativa ai beni culturali si prevede il solo istituto delle "forme speciali di partenariato" di cui all'art.151 comma 3 del D.Lgs 50/16 e smi, ben poco compatibile con il PPP o concessioni in genere[77].

A corroborare queste considerazioni stava anche il DM 154 del 2017 recante il regolamento sugli appalti pubblici di lavori nel settore (in attesa del nuovo regolamento, si ci riferisce alla bozza del 16 luglio 2020)[78].

Il vecchio DPR 207/2010 al comma 7 dell'art. 242, infatti, sui progetti preliminari per i lavori riguardanti i beni del patrimonio culturale, richiamava espressamente *"l'articolo 153 del codice in attuazione dell'articolo 197, comma 3, del codice"*, relativo appunto alla finanza di progetto nel vecchio codice di cui al D.lgs 163/06.

Ed ancora il comma 8 dello stesso art. 242 sui progetti preliminari per i lavori riguardanti i beni del patrimonio culturale faceva altro riferimento alle "concessioni".

Orbene tali riferimenti alla finanza di progetto ed alle concessioni nel regolamento sui lavori nei beni culturali, DM 154/17, come anche nella bozza del nuovo regolamento del luglio 2020, sono del tutto spariti.

Non basta. Ancora, nella documentazione elencata dall'art. 14 e ss. del dm 154/17 per i lavori sui beni culturali, oggi art. 296 della bozza di regolamento, non risultano da nessuna parte i piani economico-finanziari previsti dall'art.183 del D.Lgs 50/16 e smi per l'avvio della finanza di progetto e della concessione (ex-art. 165 comma 3 sempre del Codice dei Contratti Pubblici)[79].

In altri termini, il RUP non chiede tra i documenti della procedura il documento essenziale, invece, per la finanziabilità e, dunque, realizzabilità dell'opera.

In queste condizioni parlare di un rinvio del Codice alle "pertinenti disposizioni" sul PPP e sulla finanza di progetto "per quanto non diversamente disposto" nel Capo III relativo alla normativa per i lavori sui beni culturali, non ha alcun senso per i procedimenti amministrativi concreti.

MORE TEMPORE, IL CODICE DEL TERZO SETTORE

A tale riposizionamento normativo si devono aggiungere le novità del Codice del Terzo Settore (D.Lgs 117/17)[80].

Il D.l. Semplificazioni, convertito con legge n.120/2020 e pubblicato in Gazzetta Ufficiale lo scorso 14 settembre, ha reso più chiaro il rapporto tra il Codice dei Contratti Pubblici e il Codice del Terzo Settore rispetto all'affidamento di servizi, anche alla luce delle recenti sentenze della Corte Costituzionale n.131/2020 e 255/20[81], che hanno riconosciuto la strategicità costituzionale [82] degli istituti di co-progettazione e co-programmazione quale espressione della sussidiarietà orizzontale[83].

L'articolo 30 comma 8, novellato dal Semplificazioni, ha poi disposto che, per quanto non espressamente previsto nel codice e negli atti attuativi, alle procedure di affidamento e alle altre attività amministrative in materia di contratti pubblici nonché di forme di coinvolgimento degli enti del Terzo settore previste dal titolo VII del decreto legislativo 3 luglio 2017, n. 117, si applicano le disposizioni di cui alla legge 7 agosto 1990, n. 241.

"(...)In forza dei principi sanciti dall'articolo 1 della L.241/90 gli affidamenti dei servizi sociali dovranno applicare i criteri di economicità, di efficacia, di imparzialità, di pubblicità e di trasparenza. Insomma, così in prima battuta, sembra di potere affermare, come in conseguenza delle modifiche apportate dal Decreto Semplificazioni, per gli affidamenti di servizi sociali siano da preferirsi in futuro procedure comunque improntate ad un ampia apertura al mercato. Sia che si intenda procedere (come da parere del Consiglio di Stato[84]) interpellando soggetti del terzo settore, sia che si proceda secondo il Codice dei Contratti (...)"[85].

Le sopraccitate sentenze della Corte Costituzionale ci fanno dubitare di tale futura "ampia apertura al mercato" annunciata dalla Ponzone.

Anzi, per citare la sentenza 131/20 " lo stesso diritto dell'Unione (...) mantiene, a ben vedere, in capo agli Stati membri la possibilità di apprestare, in relazione ad attività a spiccata valenza sociale, un modello organizzativo ispirato non al principio di concorrenza ma a quello di solidarietà (sempre che le organizzazioni non lucrative contribuiscano, in condizioni di pari trattamento, in modo effettivo e trasparente al perseguimento delle finalità sociali)"

Riteniamo, pertanto, che tra le forme di coinvolgimento degli enti del Terzo settore previste dal titolo VII del decreto legislativo 3 luglio 2017, n. 117 cui si dovranno applicare le disposizioni di cui alla legge 7 agosto 1990, n. 241, non potranno non essere impiegate le convenzioni e gli accreditamenti di cui agli articoli 55 e 56 del Codice Terzo Settore[86] in combinazione con le norme della L.241/90 in materia di accordi sostitutivi ed integrativi (art.11), le norme sulla semplificazione amministrativa (quali quelle sulle conferenze servizi, etc.).

Ricordiamo brevemente le parti del CTS che più coinvolgono il settore culturale.

L'art. 5 rubricato *"attività di interesse generale"* prevede che gli enti del Terzo settore esercitano in via esclusiva o principale una o più attività di interesse generale per il perseguimento, senza scopo di lucro, di finalità civiche, solidaristiche e di utilità sociale. Si considerano di interesse generale le attività aventi ad oggetto, tra l'altro, *interventi di tutela e valorizzazione del patrimonio culturale e del paesaggio, ai sensi del decreto legislativo 22 gennaio 2004, n. 42; di organizzazione e gestione di attività culturali, artistiche o ricreative di interesse sociale (...).*

L'art. 71 comma 3 del Codice del Terzo Settore prevede una ripetizione dei commi 303-305 articolo 1 della L.311/2004 per concessione di lavori di restauro e successiva gestione di beni culturali, concessione limitata, come nel DM 6 ottobre 2015, applicativo dei commi 303-305 articolo 1 della L.311/2004, a concessionari no-profit.

L'articolo 89 comma 17 del D.lgs 117/17, in attuazione dell'articolo 115 del decreto legislativo 22 gennaio 2004, n. 42 per la valorizzazione a gestione indiretta dei luoghi della cultura, poi, prevede che il Ministero dei beni e delle attività culturali e del turismo, le regioni, gli enti locali e gli altri enti pubblici *possono attivare forme speciali di partenariato con enti del Terzo settore* che svolgono le attività sopra specificate. Tali enti del terzo settore sono individuati attraverso le procedure semplificate di cui all'articolo 151, comma 3 e all'art. 19 del decreto legislativo 18 aprile 2016, n. 50, dirette alla prestazione di attività di valorizzazione di beni culturali immobili di appartenenza pubblica[87].

Le forme speciali di partenariato di cui al detto art.89 comma 17 del D.Lgs 117/17, che rimandano all'art. 151 comma 3 del Codice Contratti, potrebbero prestarsi invero, secondo noi, ad un applicazione anche sperimentale di canone riconosciuto dall'amministrazione pubblica per la domanda di servizio ex-art. 180 c.2 e c.4. D.Lgs 50/16.

La Circolare n. 45/19 della DG Musei MiBACT potrebbe essere un segnale in tale senso[88]. Nel modello di avviso, pubblicato in allegato sul sito istituzionale, veniva previsto quanto segue: "Ove l'Operatore abbia natura non lucrativa e tenuto conto della destinazione del bene a fini socio-culturali, ai sensi degli artt. 11 e 12 del D.P.R. n. 296 del 2005, l'importo dovuto è pari a euro ...... corrispondente al 10% del canone annuo determinato dal competente ufficio dell'Agenzia del Demanio". E' inteso in tale modello che il carattere non economico del soggetto no-profit e la tipologia di servizio reso (eventualmente su domanda[89]) all'Amministrazione Pubblica portano ad un'agevolazione rilevante sul canone da pagare all'Amministrazione (10%!).

Tecnicamente, dunque, la stessa genericità della norma e la previsione di procedure semplificate di individuazione del partner privato "ulteriori" rispetto a quelle previste dal comma 1, ovvero le sponsorizzazioni, potrebbero condurre a corroborare un riferimento al PPP quale procedura di aggiudicazione e quale istituto contrattuale utile al riconoscimento di un canone ex-art. 180 c.2 e c.4. del D.Lgs 50/16.

Infine l'articolo 151 comma 3 del Codice Contratti[90], ora prevede, come nel comma 17 dell'articolo 89 del Codice Terzo Settore, che tali interventi di valorizzazione di beni culturali immobili possano essere attivati da Regioni ed Enti Territoriali,

45

nel rispetto dell'art.106 comma 2-bis del D.Lgs 42/04.

TIRANDO LE FILA: A. LA NORMATIVA EUROPEA PER UN TENTATIVO DI SISTEMATIZZAZIONE INTERDISCIPLINARE

Come visto, al di là della contraddittoria normativa del DL semplificazioni, per come convertito nella L.120/20, il panorama ordinamentale Italiano si è spostato verso un concetto più sociale delle politiche culturali pubbliche (abbiamo detto prima al fine di uscire dalle forche caudine di Eurostat[91]).

Ancora gli stessi Trattati UE confermano per i SIEG questa impostazione: l'articolo 106 del TFUE prevede, infatti, un eccezione alla normativa generale mercatistica e pro-concorrenza che trova la sua deroga nei limiti in cui *"l'applicazione di tali norme (sulla concorrenza) non osti all'adempimento della missione affidata alle imprese incaricate della gestione di servizi di interesse economico generale"*.

Ai sensi della Direttiva Bolkestein, Considerando 40 e art. 4 comma 8 della direttiva 2006/123/CE, *"la conservazione del patrimonio nazionale storico e artistico"* e *"gli obiettivi di politica culturale"* rientrano nella nozione di «*motivi imperativi di interesse generale*[92]».

Il preminente interesse generale consente, per un'esigenza stimata in sé superiore, di derogare al principio della gara perché si riferisce ad interessi prioritari che prevalgono sulle esigenze stesse che sono a base della garanzia di   concorrenza. Come detto fra le ipotesi di deroga rientra anche la salvaguardia del patrimonio culturale e in genere dell'interesse storico-culturale, quand'anche su supporto commerciale, giacché *valore in sé*, dunque indipendentemente dalla considerazione economica, nonché qualificatore e attrattore turistico del contesto, e, dunque. come apprezzabile elemento di valorizzazione economica dell'intero ambiente circostante (in tal senso vedi l'importante sentenza del Consiglio di Stato, sez. V, del 03/09/2018 n° 5157[93]).

Se tanto vale per i servizi di interesse economico generale (SIEG) *a fortiori* vale per i *"servizi sociali di interesse generale (SSIG)"* per i quali l'assenza di un profilo economico esclude il ricorso al mercato mediante procedure competitive.

Inoltre, l'Allegato 4 della Direttiva 2014/23/UE (recepita nell'attuale Codice dei Contratti Pubblici) fa una lista di servizi che possono essere procacciati dalle pubbliche autorità sul mercato (*outsourced*) tra essi sono: i *"Servizi amministrativi, sociali, in materia di istruzione, assistenza sanitaria e cultura"*[94], mentre l'art.19 della stessa Direttiva prevede che *"Le concessioni per i servizi sociali e altri servizi specifici elencati nell'allegato IV che rientrano nell'ambito di applicazione della presente direttiva sono soggette esclusivamente agli obblighi previsti dall'articolo 31, paragrafo 3, e dagli articoli 32, 46 e 47".*

Pertanto, la citata direttiva 23/14 nel settore delle concessioni a privati per servizi nel settore sociale e nel settore culturale si applica solo *nei principi relativi alla pubblicità.*

I due settori stanno, dunque, insieme con riferimento ad un regime di deroga rispetto alla normativa unionale sulle concessioni.

Infine, lo ripetiamo, il comma 3 dell'art. 164 del D.gs 50/16 e smi dichiara la parte III del Codice, relativa alle Concessioni, *inapplicabile* ai servizi di interesse generale a carattere non economico e, parimenti, l'articolo 4 comma 2 della Direttiva 2014/23/UE recita: *"I servizi non economici di interesse generale non rientrano nell'ambito di applicazione della presente direttiva".*

TIRANDO LE FILA: B. LA TIPOLOGIA DEI SERVIZI SOCIALI DI INTERESSE GENERALE

Riassumendo quanto sopra esposto, agli operatori del servizi sociali di interesse generale (SSIG), ovvero agli enti del terzo settore, ove affidatari di servizi di valorizzazione per beni culturali, non si appplica la normativa sulla valorizzazione (artt.115 e 117) del Codice dei Beni Culturali e del Paesaggio, del Codice dei Contratti Pubblici in ordine alle concessioni, quella sugli aiuti di Stato (in quanto esercenti attività non economiche e non distorsive del mercato). Le loro attività non producono, inoltre, impatti sugli equilibri di bilancio.

Essi sono sottoposti ad un regime differenziato di public procurement (affidamenti), tra enti pubblici e soggetti del terzo settore, quali gli accreditamenti (art.11 L.328/2000), la co-programmazione e la co-progettazione (art.55 del D..Lgs 117/17), regime fondato sulla pratica e sulla regola della partecipazione [95], oggi confermato dalle due rivoluzionarie sentenze della Corte Costituzionale (sentenze n.131/2020 e n.255/20) prima citate[96].

Si applica, dunque, solo il Codice del Terzo Settore a mezzo dell'art. 89 comma 17 del D..Lgs 117/17 per gli enti del terzo settore iscritti al Registro Unico Nazionale Terzo Settore

(RUNTS) ed oggetto di accreditamenti, ex-art. 55 c.4 e e/o convenzioni ex-art. 55 D.Lgs 11/17.

Unica eccezione all'esenzione dall'applicazione del Codice dei Contratti è che si applicano solo gli obblighi di pubblicità (ex-artt.19, art.31, par. 3, e artt.32, 46 e 47 della Dir.2014/23/UE).

Anche se la redditività dei loro investimenti è di tipo freddo, non è previsto che i ricavi possano provenire dal canone riconosciuto dall'Ente pubblico per la domanda di servizio, come nei PPP ai sensi dell'art. 180 c.2 e c.4. del D.Lgs 50/16.

Una domanda si pone: attesa la novella di cui all art.117 c.3 del D.Lgs 42/04, recata dal Decreto semplificazioni e dalla legge di conversione 120 del 2020, che fine fanno i PPP?

La legge 120 infatti prevede espressamente concessione servizi[97] ed appalti per la gestione dei servizi al pubblico[98].

Abbiamo, però, visto che l'art. 4 c.2 della Dir.2014/23/UE e l' art. 164 c.3 del D.gs 50/16 dicono che la normativa sulla concessioni servizi non si applica ai servizi di interesse generale non di tipo economico.

Ne consegue che ai servizi culturali, svolti da enti no-profit non economici (per attività di nulla o scarsa redditività, dunque "fredda") anche a titolo dei contratti di forme speciali di partenariato di cui all'art. 89 comma 17 del D.Lgs 117/17, sarebbe logico si applicasse la normativa sui PPP, giacchè nei PPP i ricavi sono il canone riconosciuto dall'ente per la domanda di servizio ex-art. 180 c.2 e c.4. D.Lgs 50/16 (ricordiamo che i PPP sono relativi ad opere /attività fredde[99]). Vista la previsione del nuovo comma 3 dell'art. 117 C.b.C. si può, dunque, in tali casi applicare l'istituto del PPP?

A giudicare da senso e lettera della normativa semplificazioni è fuor di dubbio che il legislatore preferisca, invece, applicare il solo regime delle concessioni di servizio (e degli appalti, comunque non idonei agli enti no-profit) che, come dicevamo prima, si riferisce solo ad opere/attività calde ovvero redditive. Il legislatore ha inteso, dunque, i servizi al pubblico come un'attività redditizia.

Per come noto, invece, salvo alcuni casi come il Colosseo e pochi altri, il settore culturale è poco redditizio o non lo è affatto. La crisi pandemica, le annunciate crisi pandemiche a venire[100] e la conseguente necessità di riconversione ad una fruizione non in presenza ma a distanza, con tutti i problemi giuridici e di tutela dei diritti connessi all'uso di immagini e contenuti dei beni che verranno digitalizzati[101], renderanno, per molto tempo a venire, l'intero settore culturale "freddo" (anzi freddissimo).

Visto il fallimento di numerose compagnie aeree in conseguenza della crisi covid[102], la vendita dei titoli azionari di compagnie aeree da parte di grandi protagonisti della finanza internazionale [103] e le visioni strategiche espresse dal World Economic Forum e da altre Agenzie Internazionali, quali UNESCO, OCSE, FMI, UNWTO[104], etc., ci sembra di potere affermare che scomparirà con ogni probabilità il turismo di massa "mordi e fuggi", per tornare ad un turismo affluente e di elite, di tipo semiresidenziale, come nei Grand Tour del 1700 e 1800. Sparirà ovvero la principale voce di entrata del sistema turistico culturale Italiano relativo non solo alla fruizione dei luoghi della cultura ma a tutto il sistema che vi gravita intorno, quale l'alberghiero, la ristorazione, i servizi, l'artigianato, etc[105]..

Non si può fondatamente ritenere, dunque, oggi, ma sopratutto, domani, l'offerta di gran parte del patrimonio culturale pubblico Italiano quale fonte redditiva di entrate relative a servizi classificabili quali servizi di tipo economico cui applicare la normativa sulle concessioni servizi per i servizi di valorizzazione e per il pubblico, per come previsto dal comma 3 dell'art. 164 del D.gs 50/16 e dall'articolo 4 comma 2 della Direttiva 2014/23/UE in combinato disposto con la nuova norma.

La qui commentata norma del comma 3 dell'art. 117 C.b.C, per come recata dal DL Semplificazioni convertito nella L.120/20, sembra, dunque, tecnicamente contraria alla Direttiva Europea 2014/23 e, nel merito, fuori tempo rispetto alle conseguenze di lungo periodo della crisi.

TIRANDO LE FILA: C. LA TIPOLOGIA DEI SERVIZI DI INTERESSE ECONOMICO GENERALE

I S.I.E.G. (servizi di interesse economico generale) saranno, dunque, i servizi al pubblico prevalentemente finanziati dai contributi degli utenti o attraverso mezzi commerciali (cinema, spettacoli musicali e festival a carattere commerciale, etc.) ai sensi del punto 35 della Comunicazione 262/16.

Dal punto di vista della normativa sugli aiuti di Stato gli aiuti ai concessionari in regime SIEG saranno esenti all'obbligo notifica (art. 53 reg.651/14) nè graveranno sugli equilibri di bilancio del fiscal compact.

Dal punto di vista contrattuale, gli affidamenti possibili saranno o l'appalto pubblico (a norma dell'art.117 c.3 del D.Lgs 42/04) o la concessione servizi (ex-art. 4 c.2 della Dir.2014/23/UE e art. 164 c.3 del D.Lgs 50/16) con conseguente redditività proveniente dalla prevalente vendita dei servizi sul mercato ex-art. 165 c.1 D.Lgs 50/16 per le concessioni e conseguente impossibilità di pagamento di canone da parte dell'Amministrazione per la disponibilità del bene, come nei PPP ai sensi dell'art. 180 c.2 e c.4. del D.Lgs 50/16.

Conseguentemente, e per logica propria della valutazione comparativa sulla sostenibilità economico-finanziaria della gestione indiretta, di cui all'art. 115 comma 4 C.b.C., la redditività delle attività intese come SIEG, sarà calda e comunque almeno tiepida.

Il rischio possibile sarà solo quello operativo[106] come da uguale previsione tanto del nuovo articolo 115 comma 4, terzo periodo, quanto dell'art. 165 del D.Lgs 50/16.

Le deroghe possibili al Codice dei Contratti Pubblici consisteranno, ex Art. 106 TFUE e art. 12 comma 3 della direttiva 2006/123/CE, nella possibilità che nelle procedure di selezione si tenga conto dei "motivi imperativi di interesse generale" di cui al Considerando 40 e art. 4 comma 1 punto 8) della direttiva 2006/123/CE (Bolkestein) (per come previsto dalla sentenza del Consiglio di Stato, sez. V, del 03/09/2018 n° 5157).

Al fine della verifica delle fattispecie per l'esenzione nelle procedure di selezione dalle norme di public procurement europee, causa detti motivi imperativi di interesse generale, si applicherà la Comunicazione della Commissione Europea sui SIEG [COM(2007)725].

TIRANDO LE FILA: D. LA TIPOLOGIA DEGLI OPERATORI ECONOMICI DI MERCATO

Le attività interessate alla terza tipologia sono quelle oggetto di investimenti per 150 mln di euro e/o spese funzionamento per 75 mln di euro e che, come sopra, riguardano servizi al pubblico prevalentemente finanziati dai contributi degli utenti o attraverso mezzi commerciali (cinema, spettacoli musicali e festival a carattere commerciale, etc.) di cui al punto 35 della Comunicazione 262/16. Per i detti investimenti e/o spese di funzionamento le amministrazioni finanzianti hanno obbligo di notifica alla Commissione Europea.

Si ricorda che in tali casi, ove le agevolazioni siano superiori al 49% del costo investimento complessivo, ex-art.180 c.6 D.Lgs 50/16, l'investimento avrà effetti sugli equilibri di bilancio Europei e sarà, dunque, classificato, on-shelf[107].

Anche qui, come per i SIEG, ex-art.117 c.3 del D.Lgs 42/04, si applica o l'appalto pubblico (a norma dell'art.117 c.3 del D.Lgs 42/04) o la concessione servizi (ex-art. 4 c.2 della Dir.2014/23/UE e art. 164 c.3 del D.Lgs 50/16).

Ovviamente la redditività del settore, sarà di tipo "calda, ovvero caratterizzata da "prevalente vendita dei servizi sul mercato" ex-art. 165 c.1 del D.Lgs 50/16. Anche qui il rischio sarà di tipo operativo (ex-art. 165 D.Lgs 50/16).

La Commissione UE valuterà la compatibilità degli aiuti con la normativa sul mercato interno sulla base della Comunicazione SIEG e sulla base dell'Art. 107(3)(d) del TFUE.

———

Per obbligo di completezza si citano, infine, le tipologie di gestione istituzionale ed in-house richiedenti, la prima forma, la costituzione di soggetti giuridici (ex-art.112 c.5 del D.Lgs 42/04) ed il bando per il soggetto d'opera (per come previsto dalla pronuncia CGUE 15 ottobre 2009, n. C-196/08), mentre la seconda modalità (in-house) l'affidamento solo a società a totale partecipazione pubblica dell'ente concedente per gli effetti della pronuncia del Consiglio di Stato, V Sez.18.07.2017, n. 3554.

Di seguito una tabella riassuntiva della classificazione sopra indicata.

RICLASSIFICAZIONE N.O.A. E PUBLIC PROCUREMENT PER LA GESTIONE INDIRETTA DEI SERVIZI DI VALORIZZAZIONE E PER IL PUBBLICO[108] SU BENI CULTURALI IN TITOLARITA' PUBBLICA

CLASSIFICAZIONE TITOLOGIA GESTIONE	NATURA ECONOMICA	NORMATIVA AIUTI DI STATO	IMPATTO SU EQUILIBRI DI BILANCIO (ON-BALANCE)	PUBLIC PROCUREMENT PER SERVIZI AGGIUNTIVI	REDDITIVITA'	LIVELLO DI RISCHIO	DEROGHE	PROCEDIMENTI
S.S.I.G. (servizi sociali di interesse generale) o S.I.G. (servizi di interesse generale) -sentenze della Corte Costituzionale nn.131/2020 e 255/20	servizi aggiuntivi (cpv 207 della Comunicazione 262/16) quali attivita' non economiche o incisive degli scambi tra stati (cons. 72 reg.651/14)	non pertinente	1. non pertinente	Si applica solo: - il Codice del Terzo Settore (accreditamenti, art. 55 c.4 e convenzioni art. 55 D.Lgs 11/17) (PS. e il PPP?) - forma speciale di partenariato per la valorizzazione ex-art. 89 comma 17 del D..Lgs 117/17	Fredda (ma senza canoni pagati dalla PA ex-art. 180 c.2 e c.4. del D.Lgs 50/16)	non pertinente e	- Deroghe al Codice Contratti (sentenze Corte Cost n.131/20 e n.255/20) - Si applicano solo gli obblighi di pubblicità (art.19 art.31, par. 3, e artt.32,46 e 47 Dir.2014/23/UE)	- Accreditamenti ex-art. 55 c.4 e Convenzioni ex-art. 55 D.Lgs 11/17 -procedura sponsorizzazione e/o forma analoga o ulteriore per la forma speciale di partenariato per la valorizzazione ex-art. 89 comma 17 del D..Lgs 117/17
S.I.E.G. (servizi di interesse economico generale)	Servizi al pubblico prevalentemente finanziati dai contributi degli utenti o attraverso mezzi commerciali (cinema, spettacoli musicali e	esenzione da obbligo notifica (art. 53 reg.651/14)	non pertinente	Ex-art.117 c.3 D.Lgs 42/04 si applica la concessione servizi (art. 4 c.2 Dir.2014/23/UE e art. 164 c.3.D.gs 50/16) o l'appalto pubblico (in tale caso non è aiuto	Tiepida o calda (prevalente la vendita dei servizi sul mercato ex-art. 165 c.1 D.Lgs 50/16)	Rischio operativo (art. 165 comma 3 della direttiva 2006/123/CE nelle procedure di selezione si tiene conto dei "motivi imperativi di interesse	ex Art. 106 TFUE e art. 12 D.Lgs 50/16)	- La Commissione applica la Comunicazione sui SIEG [COM(2007)725] - Il MiBACT esperisce, prima, una valutazione comparativa, poi l'evidenza

				di Stato) (PS. e il PPP?)			*generale"* di cui al Considerando 40 e art. 4 comma 1 punto 8) della direttiva 2006/123/CE (Bolkestein) (CDS sez. V, del 03/09/2018 n° 5157)	pubblica
	festival a carattere commerciale, etc.) punto 35 della Comunicazio ne 262/16							
OPERATORI ECONOMICI DI MERCATO	1. Soglia notifica 150 mln per investimenti e 75 mln per spese funzionament o e/o 2. Servizi al pubblico prevalenteme nte finanziati dai contributi degli utenti o attraverso mezzi commerciali (cinema, spettacoli musicali e festival a carattere commerciale, etc.) punto 35 della Comunicazio ne 262/16	obbligo notifica	agevolazio ni superiori al 49% del costo investiment o complessiv o (art.180 c.6 D.Lgs 50/16)	Ex-art.117 c.3 D.Lgs 42/04 si applica la concessione servizi (art. 4 c.2 Dir.2014/23/UE e art. 164 c.3.D.gs 50/16) o l'appalto pubblico (in tale caso non è aiuto di Stato)	Calda (prevalente vendita dei servizi sul mercato art. 165 c.1 D.Lgs 50/16)	Rischio operativo (art. 165 D.Lgs 50/16)	non pertinente	- La Commissione UE valuta la compatibilità con il mercato interno sulla base della Comunicazione SIEG e Art. 107(3)(d) del TFUE - Il MiBACT esperisce, prima, una valutazione comparativa, poi l'evidenza pubblica
ISTITUZIONALE	non pertinente	non pertinente	non pertinente	non pertinente	non pertinente		non pertinente	Costituzione soggetti giuridici (art.112 c.5 D.Lgs 42/04) e bando per il soggetto d'opera (CGUE 15 ottobre 2009, n. C-196/08)
IN-HOUSE	non pertinente	non pertinente	non pertinente	non pertinente	non pertinente		non pertinente	Affidamento a società a totale partecipazione

								pubblica dell'ente concedente (CDS, V Sez.18.07.2017, n. 3554)

CONCLUSIONI

La politica culturale deve, finalmente, cominciare a declinare i principi di sussidiarietà orizzontale, ove i cittadini organizzati, formazioni sociali del partenariato e operatori economici possono partecipare alla programmazione, progettazione, organizzazione e gestione dei servizi culturali pubblici[109]. Tali principi di sussidiarietà orizzontale, comunque, per i sopraccitati vincoli di bilancio dell'art.97 della Costituzione e per il principio di libera iniziativa economica di cui all'art.41 della Costituzione, devono vedere parimenti protagonisti tanto gli operatori economici profit quanto quelli no-profit.

La sussidiarietà orizzontale, oltre che principio costituzionale e fine, è anche il mezzo per far sì che tutela, valorizzazione e fruizione dei beni culturali siano, comunque, forniti quali livelli essenziali delle prestazioni.

Alcuni L.E.P. saranno, dunque, come prima indicato, forniti sotto veste di *"servizi sociali di interesse generale"*. Altrettanta chiarezza classificatoria impone di distinguere, da quelle sociali (SSIG), le attività in concessione.

Lo stesso ragionamento vale per quelle fattispecie di attività culturali (in concessione) caratterizzate dalla forte redditività (anche per capacità di attrarre sponsorizzazioni) e/o comunque distorsive degli scambi tra Stati membri.

Ripetiamo che restano fuori i PPP e i project finance di servizi della parte IV del Codice Contratti che, grazie al comma 3 dell'art. 117 C.b.C., alle previsioni del nuovo Codice dei Contratti e alla bozza di regolamento dei lavori pubblici sopra illustrati, sembrerebbero esclusi dall'applicazione per le opere /attività fredde del settore culturale.

Torniamo sul punto. Differenziare e diversamente classificare una parte dei servizi culturali nell'ambito dei servizi sociali di interesse generale a carattere non economico (quali SSIG[110]) e altri nell'ambito dei SIEG e/o degli interventi degli operatori economici a regime di mercato, significa, per come osserva Tarasco, *"distinguere e differenziare i singoli modelli giuridici di gestione in funzione della specificità [111], delll'attrattività turistica, dell'offerta culturale e della redditività economica (attuale o potenziale) [112]"*: in alcuni casi converrà, insomma, a motivo dei forti flussi di cassa generati (attività calde e tiepide[113]) darli in concessione ad operatori economici, mentre gli altri (attività fredde [114]) potrebbero essere o gestite direttamente dall'amministrazione pubblica o date in affidamento secondo le forme previste dal Codice del terzo settore a soggetti no-profit[115].

La Direttiva 2014/23/UE all'art. 4, comma 1, fa salva la libertà, per gli Stati membri, di definire, in conformità del diritto dell'Unione, quali essi ritengano essere servizi d'interesse economico generale, in che modo tali servizi debbano essere organizzati e finanziati, in conformità delle regole sugli aiuti di Stato, e a quali obblighi specifici essi debbano essere soggetti.

In conclusione, in questa sede si propone, pertanto, che lo Stato Italiano, in virtù del succitato nuovo impianto ordinamentale europeo e nazionale del settore, svolga le dovute azioni, in sede politica quanto tecnica, affinché, ai sensi della Direttiva 2014/23/UE, art. 4 comma 1, le funzioni di tutela, valorizzazione e fruizione culturale, quali livelli essenziali della prestazioni garantiti dalla Costituzione Italiana, siano opportunamente riclassificate come SSIG, come SIEG e/o come operazioni di mercato nelle NOA (nozioni di aiuto di Stato) distinguendone specificità e livelli di redditività[116].

In altri termini, si tratta di ripetere quello che lo Stato Italiano ha già fatto nel settore sanitario.

Il ministero della Salute, nel commentare la Comunicazione n 2012/C8/02 della Commissione europea[117], ha, infatti, chiarito la distinzione tra servizi economici (SIEG) e servizi non economici (SSIG) svolti nell'ambito del servizio sanitario da alcuni ospedali. Tale differenziazione dipende dalle «*specificità politiche ed economiche di un determinato Stato membro, dalle esigenze dei cittadini e dagli sviluppi tecnologici e del mercato basati sul principio della solidarietà*». Tale assunto è stato confermato anche dalla giurisprudenza europea, in quanto, le organizzazioni sanitarie pubbliche non agiscono come imprese. Le aziende sanitarie pubbliche[118], infatti, sono direttamente finanziate dai contributi sociali e da altre risorse statali e regionali che erogano servizi secondo una copertura universale. Inoltre nella stessa Comunicazione viene specificato che la remunerazione delle prestazioni sanitarie delle strutture sanitarie private non è considerata aiuto di Stato ai sensi dell'articolo 107, paragrafo 1, del Tfue: infatti, lo scopo degli aiuti di Stato è quello di conciliare l'interesse dell'Unione europea alla puntuale osservanza delle regole di concorrenza e l'integrità del mercato unico con determinate scelte di politica economica o sociale degli Stati membri e con il compito, per alcune imprese, di perseguire un interesse economico generale[119].

Altrettanto lavoro di classificazione dovrebbe essere fatto nel settore della tutela, fruizione e valorizzazione culturale, ora Livello Essenziale delle Prestazioni.

Alcuni istituti e luoghi della cultura e/o altre strutture di valorizzazione culturale, infatti, sono per, riconosciuto financing gap, in modo preponderante finanziate da contributi pubblici (e non finanziate da prevalenti contributi degli utenti o da altri mezzi commerciali quali cinema, spettacoli musicali e festival a carattere commerciale). Come nella sanità, essi erogano servizi universali ed accessibili, ma, in questo caso, di promozione culturale all'individuo e alla collettività .

Altri invece svolgono attività di servizio di interesse economico generale e/o da operatore economico di mercato tout court, per come sopra illustrato.

Pertanto, lo Stato Italiano, come da propria autonoma discrezionalità garantita dalle norme europee, dovrebbe riclassificare le attività culturali distinguendone il carattere economico che configura i Sieg e/o gli operatori di mercato, e la mancanza del carattere che economico che configura i Ssig.

Tale chiarezza sarà di beneficio per i responsabili procedimento come per gli operatori culturali vieppiù confusi, causa anche gli obblighi di compilazioni dei Registri per i regimi di aiuto, in tempi pieni di incognite per il futuro dell'offerta culturale come quelli attuali.

1 Testo del decreto-legge 16 luglio 2020, n. 76 (in S.O. n. 24/L alla Gazzetta Ufficiale - Serie generale - n. 178 del 16 luglio 2020), coordinato con la legge di conversione 11 settembre 2020, n. 120, recante: «Misure urgenti per la semplificazione e l'innovazione digitale.» (GU n.228 del 14-9-2020 - Suppl. Ordinario n. 33)

2 È evidente che la possibilità di scorporare dalla concessione alcuni dei servizi al pubblico di cui all'articolo 117 comma 2 per darli in appalto, contraddice la tendenza alla contrattualistica "global service" che tanto sembrava preferibile alcuni anni fa (cfr., atto di indirizzo Ministro Buttiglione). Sul punto si veda Sub art. 117, in G. LEONE – A. L. TARASCO (a cura di), Commentario al Codice dei beni culturali e del paesaggio, Cedam, Padova, 2006, Presentazione di Salvatore Settis, pagg. 737-761., pag.739 e l'ivi citato P.A. VALENTINO, Dai servizi aggiuntivi al global service, 131 ss. 132. "Altra cosa è la concorrenza tra diversi operatori del medesimo servizio nello stesso luogo della cultura, ciò che non viene espressamente rifiutato negli artt.115 e 117 Codice, è testualmente escluso nella circolare interpretativa dell'ottobre 2005 relativa ai nuovi capitolati speciali, che parla di affidamento in concessione, in regime di esclusiva per la durata di nove anni" (G.LEONE-A.L.TARASCO, ibidem, pag.740). Sulla scorporabilità dei servizi aggiuntivi: "(...) l'eventuale opzione amministrativa di gestire le attività di valorizzazione in forma diretta non esclude che i servizi aggiuntivi (che delle prime rappresentano solo una parte) possano essere esternalizzati in tutto o in parte, attraverso l'affidamento diretto o la concessione a terzi (rispettivamente, lett.a) e b) comma 3 art.115 o viceversa. La ragione di tale scorporabilità può essere individuata sia nella diversità strutturale dei servizi aggiuntivi rispetto alle generali attività di valorizzazione che nella giuridica impossibilità per lo Stato di comprimere la libertà di scelta dell'ente pubblico territoriale che, diversamente, sarebbe costretto a gestire direttamente o esternalizzare in blocco la valorizzazione ed i servizi aggiuntivi (...)". Rimandiamo ad altre interessanti ed attuali considerazioni sui criteri della valutazione comparativa, e sopratutto sul paradosso finale del ragionamento circa la prevalenza del principio di sussidiarietà orizzontale che renderebbe tutte le opzioni per la gestione diretta come incostituzionali, agli stessi autori G.LEONE-A.L.TARASCO, op.cit., pag.747-752

3 DM 26 gennaio 2008 recante "Modalità di affidamento a privati e di gestione integrata dei servizi aggiuntivi presso istituti e luoghi della cultura" (GU n. 88 del 14-4- 2008)

4 I Ssig (o anche servizi di interesse generale SIG) riguardano l'erogazione di servizi non di mercato che le autorità pubbliche considerano di interesse generale e che assoggettano a specifici obblighi di servizio pubblico. Comprendono i Servizi non economici di interesse generale, che si riferiscono ad attività connesse all'esercizio delle prerogative dei pubblici poteri, quali (la navigazione aerea e marittima, la giustizia, la sanità, i servizi di sicurezza sociale, etc), che non sono soggetti alla disciplina della concorrenza. Per la definizione europea si veda, https://ec.europa.eu/info/topics/single-market/services-general-interest_it. Circa la posizione italiana sui SIEG si veda Relazione 2016 sui Servizi di interesse economico generale (SIEG) del Dipartimento Politiche Europee Presidenza del Consiglio dei Ministri. Le relazioni sui Servizi di interesse economico generale (SIEG) sono presentate dal Dipartimento Politiche Europee alla Commissione UE e consentono ai cittadini di conoscere quali settori hanno ricevuto il sostegno dello Stato per compensare il costo dei servizi pubblici e le condizioni alle quali esso è stato ricevuto. Esse sono realizzate ai sensi dell'articolo 9 della decisione 2012/21/UE del 20 dicembre 2011 e del punto 62 della Comunicazione 2012/C 8/03 del 24 dicembre 2011. Nella relazione 2016 lo Stato Italiano indica come SSIG il solo Servizio Sanitario Nazionale, mentre sia il Servizio Idrico Integrato che il Servizio Gestione Rifiuti viene indicato come SIEG ma escluso dalla normativa sugli aiuti di Stato. L'edilizia sociale e i collegamenti aerei e aeroporti sono indicati come SIEG. In atto, ancorchè la cultura sia indicata come LEP dal 2015, il Governo Italiano non ha sinora indicato la cultura come SSIG.

5 Di cui agli articoli 5, 71 comma 3 e 89 comma 17 del D.Lgs 117/17, sul tema si veda più avanti

6 La definizione dei Sieg la si può ricavare dagli articoli 14 e 106, paragrafo 2, del Trattato di Funzionamento dell'Unione europea (Tfue) ove risalta la sottoposizione alle regole della concorrenza nei limiti della missione affidata ai Servizi di interesse economico generale; dal Protocollo n.26 allegato al Tfue che risalta i valori comuni dell'Unione europea tra cui il potere discrezionale delle autorità nazionali, regionali e locali nella regolamentazione dei Servizi di interesse economico generale; dal Libro Verde del 2003 sui Servizi di interesse generale; dal Libro Bianco del 2004 sui Servizi di interesse economico generale; dall'articolo 36 della Carta dei diritti fondamentali che riguarda l'accesso ai servizi di interesse generale; dall'articolo 168 del Tfue che garantisce un livello elevato di protezione della salute umana e di prevenzione delle malattie fisiche; dal Regolamento n. 360 del 25 aprile 2012 relativo all'applicazione dell'articolo 107 e articolo 108 del Tfue degli aiuti di Stato di importanza minore "de minimis", concessi alle

imprese che forniscono Servizi di interesse economico generale, di esenzione delle norme in materia di aiuti di Stato per interventi di ausilio finanziario fino alla soglia di 500 mila euro nell'arco di un triennio.

7 A.BRUNO in "Public private partnership e indicazioni soft-law di Eurostat" su www.diritto.it del 10 ottobre 2017

8 "Manual on Government Deficit and Debt" (MGDD), relativo all'ESA 2010,implementation of ESA 2010 di Eurostat, paragrafo VI.4

9 Il legislatore del 2011 era pressato dalla cosiddetta impennata dello spread e dalla grave crisi economica internazionale si veda A.BRUNO ibidem pag.50

10 La risoluzione del PARLAMENTO EUROPEO del 26 ottobre 2006 espresse contrarietà alla creazione di un regime giuridico specifico per i PPP ma piuttosto si disse favorevole ad un chiarimento nel settore dei PPPI, ovvero dei PPP istituzionali. Da qui la Comunicazione interpretativa della COMMISSIONE EUROPEA su "Applicazione del diritto comunitario degli appalti pubblici e delle concessioni ai partenariati pubblico-privati istituzionalizzati" (PPPI)(2008/C 91/02) e la Comunicazione COMMISSIONE EUROPEA "Mobilitare gli investimenti pubblici e privati per la ripresa e i cambiamenti strutturali a lungo termine: , sviluppare i partenariati pubblico-privato", Bruxelles, 19.11.2009 COM(2009) 615

11 I vari dubbi in ordine alla compatibilità del project financing con l'esercizio della funzione di tutela e valorizzazione dei beni culturali sembravano essere stati superati dalla giurisprudenza nel caso relativo al progetto di restauro del complesso monumentale noto come "Ospedale Vecchio" sulla quale si è espresso (per ben due volte) in primo grado il TAR Emilia Romagna, Parma, con le sentenze 4 dicembre 2007, n. 618 e 3 giugno 2008, n. 304 e poi il CDS che smentiva la posizione assunta dai TAR. "Al contrario, proprio la previsione del project financing dimostra che la fruizione pubblica può essere compatibile con la gestione privata di una parte (minoritaria) del bene culturale" (così CONSIGLIO DI STATO, sez. VI, 23 luglio 2009, n. 4639 riprendendo le parole di CONSIGLIO DI STATO, sez. VI, 11 luglio 2008, n. 3507). Tra le pochissime applicazioni dell'istituto si annoverano: l'ex Albergo Impiegati di Monfalcone (Go); Villa Tolomei a Firenze; l'ex Dogana vecchia Molfetta (BA), il Museo Ex Depò a Ostia (Roma); Villa Porro Lambertenghi a Casina Rizzardi di Como; centro storico di Burgio (Ag). Si veda "Strumenti giuridici della valorizzazione economica del patrimonio monumentale" di

M.Cammelli in "La valorisation économique des biens culturels locaux en France et en Italie", Toulouse, 21 novembre 2014 Pubblicato da Aedon www.aedon.mulino.it

12 Anche la Corte dei Conti Europea ha analizzato criticamente le applicazioni fatte del PPP in Europa: i PPP sottoposti all'audit della Corte risentono di carenze diffuse e offrono benefici limitati: 1,5 miliardi di euro sono stati quindi spesi in modo inefficiente ed inefficace. Inoltre, un buon rapporto benefici/costi e la trasparenza sono stati in ampia misura ostacolati, in particolare da decisioni e strategie non chiare, analisi inadeguate, registrazione fuori bilancio dei PPP e meccanismi di condivisione del rischio sbilanciati. Cfr., EUROPEAN COURT OF AUDITORS Guardians of the EU finances "Special report 09/2018: Public Private Partnerships in the EU: Widespread shortcomings and limited benefits".

13 "L'indagine ha evidenziato, inoltre, come non vi sia stata alcuna esperienza applicativa di finanza di progetto (project financing), rilevando che l'insuccesso di tale modello di partenariato pubblico-privato nel campo della valorizzazione del patrimonio storico- artistico è ascrivibile, in massima parte, ad incertezze sul piano della regolamentazione", in Deliberazione n. 8/2016/G Corte dei conti Sezione centrale di controllo sulla gestione delle amministrazioni dello Stato Adunanza dei collegi I e II e del collegio per il controllo sulle entrate del 20 giugno 2016 e Camera di consiglio del 19 luglio 2016, pag. 14. Sempre la Corte dei Conti nella citata Deliberazione lamenta "la mancanza di criteri certi in ordine alle linee guida da seguire per le relative operazioni, mentre la peculiarità del settore meriterebbe di ricevere una disciplina particolare, in considerazione della natura delle opere da finanziare".

14 Sui rischi di costruzione, disponibilità e domanda previsti da Eurostat nel 2004 ed ora all'art.3 comma 1 del Codice si rimanda a C.GUCCIONE in "Il rischio nelle concessioni" in "Il contenzioso e la giurisprudenza in materia di appalti pubblici" di C.CONTESSA, La Tribuna, 2020, pag. 711 e ss. Sulle indicazioni date da ANAC con le Linee Guida n. 9/2018 si rimanda ancora a C.GUCCIONE in "Il rischio...op.cit., pag. 713 e ss. Circa la tassatività dei rischi si segnala CONS. STATO, Adunanza della Commissione Speciale del 22 febbraio 2017, parere n., 775/2017 del 22 marzo 2017.

15 Sul tema del rischio operativo si veda CONSIGLIO DI STATO "Parere sullo schema di linee guida recanti "Monitoraggio delle amministrazioni aggiudicatrici sull'attività dell'operatore economico nei contratti di partenariato pubblico privato" Adunanza della Commissione speciale del 22 febbraio 2017, pag.17 e lo scritto di M.G.GRECO, Sull'istituto

giuridico di concessione nella Direttiva 2014/23/UE. Il rischio operativo nel rapporto concessorio, www.lineeavcp.it. Sul tema interessanti le posizioni originali di B.BENITO, F.BASTIDA e M.D.GUILLAMON, 'Public-Private Partnerships in the Context of the European System of Accounts (ESA95)' (2012) 1 Open J of Accounting 9, "the risks should be allocated to the party that is the 'least cost avoider', that is, the party in the best position to control or bear the risks, and not just to the private party in order to improve public accounts in the short term at the expense of the global profitability of the project". In senso contrario P.POSNER, S.KUE RYU and A.TKACHENKO, 'Public-Private Partnerships: The Relevance of Budgeting' (2009) 1 OECD J on Budgeting 13. Si rinvia comunque al ns testo citato prima sul tema.

16 Un paradosso normativo è quello relativo ai requisiti dei concessionari. L'art. 170 comma 1 del Codice dice che devono essere dettagliati nella lex specialis. Il problema si pone nel PPP ad iniziativa privata laddove la lex specialis è redatta sulla scorta della documentazione presentata dall'operatore. Sul punto si veda C.GUCCIONE in "Oggetto e durata della concessione" in "Il contenzioso e la giurisprudenza in materia di appalti pubblici" di C.CONTESSA, La Tribuna, 2020, pag. 678 e ss.

17 Sul PEF quale elemento essenziale dell'offerta per la valutazione di congruità si veda CONS.STATO, Sez.V, 13 aprile 2018, n. 2214 e TAR Campania, II, 14 gennaio 2016, n. 175, tanto da non giustificare il ricorso al soccorso istruttorio per sostituire il PEF come da CONS. STATO, Sez.V, 13 aprile 2018, n. 2214 salvo irregolarità non sostanziali del PEF (CONS. STATO, Sez. III, 16 gennaio 2017, n. 116).

18 R.CORI e I.PARADISI in "Il protagonismo privato a supporto degli investimenti locali, pag. 309 in Partenariato pubblico-privato e project finance di M.NICOLAI e W.TORTORELLA, Maggioli, 2017

19 R.CORI e I.PARADISI, ibidem pag. 309

20 G. MARI, "Concessione di valorizzazione e finanza di progetto" su Aedon 2_2019

21 Cfr. A.BRUNO "Il Project Financing nella nuova normativa regionale siciliana: prime note sui rapporti con la Legge 166/02 e con la riforma del diritto societario" pubblicato su "Rassegna Amministrativa Siciliana" DBI 2002, A.BRUNO "Sicilia prima della classe nel recepimento", Il Sole 24 Ore – Guida Normativa – Il Project Financing 2002 e ancora A.BRUNO in "Beni Culturali e Paesaggistici: dalla Programmazione 2000-2006 a quella 2007-2013" 2008 Isbn

9781445223117, Google Books Codice Ggkey:Padc3h1s4ep 2008. In un testo l'autore aveva proposto l'adozione di sistemi di PPP misti a regimi di aiuto per l'integrazione delle linee di intervento destinate agli enti pubblici nell'Asse 1 del PON Cultura e Sviluppo e quelle destinate ai privati nell'Asse 2 dello stesso PON su A. BRUNO in "Place- Based. Sviluppo Locale e Programmazione 2014-2020" con Aurelio Angelini (co-autore) ISBN 9788891742971 Prefazione di Giovanni Puglisi, pag. 220 – Franco Angeli Editore – 2016 pag. 176 e ss

[22] Si consenta anche qui rinviare a A.BRUNO in "Public private partnership e indicazioni soft-law di Eurostat" su www.diritto.it del 10 ottobre 2017. Sul tema si veda EPEC, EUROSTAT, EIB "A guide to statistical treatment of PPPs", september 2016, L.PRADO URENA "European Conference on Quality in Official Statistics (Q2016) Madrid, 31 May-3 June 2016 - Public investment: recording in EDP statistics and treatment under the SGP e "A.VEGA in "Eurostat, Soft Law and the Measurement of Public Debt: The Case of Public-Private Partnerships" - European Journal of Legal Studies, Volume 6, Issue 2 (Autumn/Winter 2013/14), pag. 96

[23] Il 10 novembre 2009, protocollo 6336, l'Assessore ai Beni Culturali della Regione Siciliana emise un Atto di Indirizzo, intitolato "Creazione di valore aggiunto economico e di nuove opportunità di lavoro nel settore della valorizzazione dei beni culturali". Tale atto metteva al centro di tutti i programmi di investimento finanziati con POR e FAS lo strumento della finanza di progetto, sul quale dovevano convergere le risorse dei POR etc a titolo di prezzo per motivi di equilibrio economico-finanziario. L'atto di indirizzo rimase sostanzialmente inattuato. Si veda A.BRUNO in "Programmazione 2014-2020 in Sicilia – Manuale di sopravvivenza civica", 2014 pag. 589 e ss

[24] Sul tema della fondazione in partecipazione e e delle possibili opportunità si veda "Capitale culturale, resilienza territoriale e pandemia: un   approccio sussidiario alla gestione delle sfide", di BRUNO-PETRAROIA in «Il capitale culturale», Supplementi 11 (2020), pp. 425-446 ISSN 2039-2362 (online); ISBN 978-88-6056-670-6.

[25] CORTE DI GIUSTIZIA DELLE COMUNITÀ EUROPEE, 15 ottobre 2009, causa C-196/08, Acoset. In sintesi, quando la scelta del socio privato sia avvenuta nel rispetto dei principi comunitari (di libera concorrenza, trasparenza e parità di trattamento) e sia stata operata previa verifica della sussistenza in capo al privato dei requisiti finanziari, tecnici operativi e gestionali riferiti all'attività da svolgere (in breve quando si tratti di un socio "d'opera" e non meramente

72

finanziario) l'affidamento diretto dell'appalto o del servizio non trova ostacoli nell'ordinamento comunitario.

[26] G.SCIULLO "I percorsi della valorizzazione Novità sul partenariato pubblico-privato nella valorizzazione dei beni culturali" in Aedon n. 2, 2009. Lo studioso affermava che alle forme di gestione testualmente previste dall'art. 115 del Codice (gestione diretta ed indiretta) dovevano aggiungersi, perché "consentite dall'ordinamento comunitario, la gestione tramite entità mista con partner "d'opera" privato, scelto mediante gara". Ovvero un PPP istituzionalizzato. Concludeva "non può che esprimersi la speranza che le istituzioni pubbliche e i privati operatori, profit e non profit, valutino con attenzione le possibilità che la pronuncia Acoset schiude".

[27] Si vedano alcune sentenze storiche, quali quella del 18 novembre 1999, causa C-107/98, relativa al caso Teckal, CORTE DI GIUSTIZIA UE, quella del 11 gennaio 2005, C-26/03, caso Stadt Halle e quella del 13 ottobre 2005, C-458/03, caso Parking Brixen. A termini della sentenza Teckal l'avvio di una procedura ad evidenza pubblica per la scelta del contraente non è necessario ogniqualvolta, da una parte, l'Ente pubblico aggiudicatore eserciti sull'aggiudicatario quello che viene definito come un "controllo analogo" a quello esercitato sui propri servizi e, dall'altra, contestualmente l'aggiudicatario svolga la parte più importante della propria attività a favore dell'Ente locale che lo controlla. Nelle altre due sentenze sul controllo analogo", i giudici comunitari hanno dapprima sostenuto che, affinché sussista tale controllo, sia sufficiente una partecipazione totalitaria dell'Amministrazione di riferimento e poi la necessità che l'Amministrazione, socio al 100%, abbia l'effettiva possibilità di influenzarne sia le decisioni importanti sia, di conseguenza, gli obiettivi strategici della società controllata. Si veda, infine, da ultimo la sentenza, CORTE DI GIUSTIZIA UE, sez. IV, sentenza 08/12/2016 n° C-553/15, relativa al requisito dell'attività prevalente a termini del quale, ai fini della tutela del principio del controllo analogo, non bisogna tener conto di quelle attività fornite a favore di enti pubblici territoriali non soci e pertanto non dotati di alcun potere di controllo.

28 Sul caso del progetto di riqualificazione del "complesso monumentale" Ospedale Vecchio di Parma si rimanda a G. MARI, "Concessione di valorizzazione , op.cit., circa i temi di cui alle sentenze TAR Emilia Romagna, Parma, sez. I, 4 dicembre 2007, n. 618, in Foro amm.-TAR, 2007, pag. 3745; Id., 3 giugno 2008, n. 304, ivi, 2008, pag. 1646, CONS. ST., sez. VI, Id., 1 luglio 2008, n. 3507, in Foro amm., CONS. ST.,, 2008, pag. 2113 e CONS. ST.,sez. VI, 23 luglio 2009, n. 4639, in Foro amm.-C.d.S., 2009, pag. 1811.

29 A. SAU, La disciplina dei contratti pubblici relativi ai beni culturali tra esigenze di semplificazione e profili di specialità, in Aedon, 2017, 1; L. CASINI, Art. 145, in Codice dei contratti pubblici, (a cura di) R. GAROFOLI, G. FERRARI, NelDiritto, 2017, II, pag. 2258. Sciullo ha ravvisato tra Codice Urbani e Codice dei contratti pubblici un rapporto di "di integrazione", tale per cui "le disposizioni degli artt. 115 e 117 vanno esaminate e interpretate all'interno del tessuto del Codice dei contratti", cfr.G. SCIULLO, La gestione dei servizi culturali tra Codice Urbani e Codice dei contratti pubblici, in Aedon, 2018, 1

30 Con l'adozione del "six pack" è stata fatta una modifica all'art. 136 del TFUE al fine della creazione di un "meccanismo di stabilità" poi confluito nel Trattato istitutivo del MES (Meccanismo Europeo di Stabilità) firmato il 2 febbraio 2012 e nel Patto di Bilancio o Fiscal Compact, siglato nel marzo 2012 dagli stati UE (tranne Regno Unito e Repubblica Ceca). Il Patto è stato, poi ratificato dall'Italia con legge 23 luglio 2012, n. 114, ha previsto l'obbligo per gli Stati di introdurre nei sistemi giuridici nazionali disposizioni di natura costituzionale sancenti il principio del "pareggio di bilancio". L'SGP (Stability and Growth Pact - Patto di Stabilità e Crescita) si basa su ESA 2010. La Commissione europea (attraverso Eurostat) cerca di garantire la corretta applicazione del sistema europeo di conti (ESA European System of Accounts), al fine di raccogliere statistiche affidabili e comparabili sulla situazione del debito e del disavanzo degli Stati membri. L'ESA 2010 è stato approvato dal Parlamento e dal Consiglio Europeo con il Reg.549/2013. Si veda A.BRUNO in "Public private partnership e indicazioni soft-law di Eurostat" su www.diritto.it del 10 ottobre 2017 pag.5

31 Sui PPP in Europa si veda D.HALL nello studio "PPPs in the EU – a critical appraisal", ASPE Conference, october-november 2008

32 Circa il valore delle concessioni di cui all'art. 167 del Codice si rimanda a C.GUCCIONE in "Oggetto e durata della concessione" in "Il contenzioso e la giurisprudenza in materia di appalti pubblici" di C.CONTESSA, La Tribuna, 2020, pag. 690 e ss. Sul tema della stima del fatturato si vada CONS. STATO, Sez. III, 11 gennaio 2018, n. 127, ANAC delibere del 4 luglio 2018, n. 621/622 e CONS. STATO, Sez. III, 4 giugno 2017, n. 2926. Circa la possibile previsione di non applicazione delle stime dei fatturati per le concessioni di minore valore (ad esempio nel terzo settore), si veda in senso negativo TAR Toscana, Sez. II, 1 febbraio 2017, n. 173 ed ancora CONS. STATO, Sez.III, 11 gennaio 2018, n. 127, CONS. STATO,20 febbraio 2017 n. 748, CONS. STATO, Sez. III, 18 ottobre 2016, n. 4343. In senso favorevole, TAR Piemonte, sez. I, 17 maggio 2018, n. 622e TAR Venezia, Sez. III, 7 marzo 2017, n. 231.

33 Sul tema dei possibili contributi pubblici che possono determinare la collocazione del PPP on-balance, contributi individuati dalla Guida quali "milestone payments (non-refundable) made to the Partner during or at the end of the Construction Phase" (fondi perduti, di cui al Theme 14.4.1), loans (prestiti, di cui al Theme 14.4.2), equity (partecipazioni di capitale di cui al Theme 14.4.3); financing guarantees (garanzie di cui al Theme 14.4.4) exemptions from liabilities (esenzioni fiscali, e.g. corporale tax, value added tax, di cui al Theme 14.4.5), la guida è vaga nell'individuare i termini esatti di tali contributi. Anzi fa di peggio. Li aggrega creando una confusione dannosa ("Government's total financing commitment must be considered by looking in aggregate at all forms of commitments it has made across the project"). Si veda A.BRUNO in "Public private partnership e indicazioni soft-law di Eurostat" su www.diritto.it del 10 ottobre 2017 pag.42.

34 EPEC, EUROSTAT, EIB "A guide to statistical treatment of PPPs", september 2016. Sul tema prima del documento congiunto EPEC EUROSTAT si veda anche A.BAJO – D.JURIČIĆ "When do liabilities from public-private partnership and concession contracts become the part of the general government debt?" Institute of Public Finance - Newsletter - , 2015/101

35 Si rimanda ancora al documento EPEC EUROSTAT di cui alla precedente nota. Sul tema si veda L.MARTINIELLO "La contabilizzazione on-off-balance delle opere pubbliche realizzate in concessione", pag. 49 in Azienda Pubblica 1-2011 e L.MARTINIELLO, Le regole di contabilizzazione delle operazioni di concessione e di partenariato pubblico privato, in Finanza di Progetto e PPP: temi europei, istituti nazionali e operatività a cura di G. F. Cartei e M. Ricchi, Editoriale Scientifica, 2015, pp. 441 – 460. Estensivamente sul tema dei rischi e delle posizioni Eurostat si veda V.VECCHI - V.LEONE "Partnership pubblico privato", Bocconi , 2016 e ancora in "Partenariato pubblico-privato e project finance" di M.NICOLAI e W.TORTORELLA, Maggioli, 2017 il saggio "La contabilizzazione dei partenariati pubblico-privati nei bilanci pubblici", di L.BISIO e D.VALERIO, da pag. 217 a pag. 268

36 Causa motivi di brevità e complessità del tema, sul D..Lgs 228/11 si consenta rinviare a: A.BRUNO "Confutazioni e soluzioni per l'applicazione del D.lgs 228/11 al settore dei beni culturali", pubblicato il 27 giugno 2018 su"www.diritto.it" e A.BRUNO "Profili applicativi del D.LGS 228/11 e obblighi di conservazione/tutela nel settore culturale su "www.dirittoamministrativo.it", ottobre 2017.

[37] Sui motivi il CARPENTIERI osservava: "Lo schema concettuale all'interno del quale si è irrigidita la burocrazia che si occupa, sia a livello nazionale che a livello europeo, della tematica degli aiuti di Stato (più che della tematica degli aiuti di Stato si tratta delle regole Eurostat) implica, nonostante la motivata opposizione del Ministero, ufficialmente rappresentata nelle sedi appropriate, che debba considerarsi "operatore economico" soggetto al regime dell'evidenza pubblica nella scelta dei partners privati e ai controlli in tema di aiuti di Stato, non solo un teatro pubblico o una fondazione lirico-sinfonica (formalmente privata, ma sostanzialmente pubblica) ma anche (addirittura) un museo ed un area archeologica, se ed in quanto emetta biglietti per l'ingresso e offra servizi aggiuntivi di accoglienza del pubblico con l'effetto, dal nostro punto di vista decisamente paradossale, per cui si assoggetterebbero ai controlli sugli aiuti di Stato, ancorchè nel regime semplificato del così detto regolamento di esenzione n. 651/2014, anche le spese statali di investimento per interventi di manutenzione e restauro di beni culturali pubblici, considerati infrastrutture culturali, spese che, invece per noi, sono chiaramente strumentali alla funzione di tutela, che è una funzione indefettibile di conservazione dello Stato, che nulla ha a che vedere con la concorrenza ed il mercato. Con la conseguenza che, dal lato del diritto europeo (e interno) della concorrenza, che investe appieno il segmento delle commesse pubbliche, ogni rapporto tra una pubblica amministrazione ed un privato che non sia di pura liberalità e che assuma, invece, una qualche connotazione di corrispettività e di titolo oneroso e di scambio, tende ad essere attratto nell'orbita dell'evidenza pubblica", cfr. P. CARPENTIERI in "Il Partenariato pubblico-privato nel campo dei beni culturali", in Impresa e Cultura 13° rapporto annuale Federculture, Gangemi 2017 pag. 101 e 102. Di più non è il caso di aggiungere circa le ragioni della svolta.

[38] Circa l'equivoco relativo al fare rientrare o meno nella nozione di aiuti di Stato anche gli appalti per lavori nel settore dei beni culturali, per motivi di brevità, si rinvia a A.BRUNO "Principio dell'operatore economico di mercato (meop) ed aiuti di stato negli appalti per il settore culturale" su "www.ildirittoamministrativo.it", del 23.03.2020

[39] Per un inquadramento più vasto sul tema degli aiuti di Stato nel settore si consenta rinviare a BRUNO A. "Primi appunti circa la possibile confusione nell'applicazione delle normative sugli aiuti di stato discendente dal nuovo istituto dell'impresa culturale e creativa" su "www.diritto.it" del 11.03.2020; BRUNO A."Aiuti di Stato: nella cultura" pubblicato il 14 dicembre 2018 su "www.diritto.it"; BRUNO A. "Appunti sul recupero alla fruizione di beni marginalizzati, imprese culturali ed aiuti di stato" con DAVID P.R.- Centro Universitario Europeo per i Beni Culturali

Ravello -Territori della Cultura Rivista on Line Numero 34 anno 2018 pag. 102; BRUNO A."Nuove considerazioni in tema di aiuti di stato per imprese culturali e creative: tassonomie generiche,contrasti normativi e programmazione 2021-2027" pubblicato il 4 novembre 2020, su "www.ildirittoamministrativo.it". Sul tema si vedano gli scritti di Baldi, autore che meritoriamente ed autorevolmente ha acceso la luce sul tema degli aiuti di Stato alla cultura: C.E.BALDI in AEDON 2014, 3, "L'intervento pubblico in campo culturale. Il faticoso iter di linee guida condivise" di C.E.BALDI in AEDON 2018, 2, e "Finanziamento della cultura e regole di concorrenza" C.E.BALDI in AEDON 2018, 3.

40 R.VUILLERMOZ Attuazione della normativa europea sugli aiuti di Stato - La sentenza Leipzig-Halle sugli aiuti alle infrastrutture aeroportuali Venezia 11 ottobre 2013. La Corte ha accertato la natura commerciale dell'infrastruttura da realizzare, atteso che la costruzione della nuova pista non poteva essere dissociata dalla gestione delle strutture aeroportuali, costituente una attività economica, e non era collegata, in quanto tale, all'esercizio di prerogative dei pubblici poteri. La Corte disponeva che qualsiasi infrastruttura destinata ad essere sfruttata a fini commerciali (trattavasi di un accordo per la realizzazione di una nuova pista tra organismi di diritto pubblico e la società DHL contemplante contributi, lettera di patronage, l'assicurazione alla DHL di operare ininterrottamente sulla suddetta pista e che almeno il 90% dei trasporti aerei da o per la DHL potessero essere effettuati in qualsiasi momento a partire da detta pista) costituisce di per sé una attività economica: di qui l'applicazione delle norme in materia di stato in relazione alle sue modalità di finanziamento.

41 BRUNO A. "Aiuti di stato nella cultura" pubblicato il 17 dicembre 2018 su "www.diritto.it, pag. 1

42 Regolamento (UE) n. 1084/2017 (GUCE del 20/06/2017 serie L 156/1) che modifica il regolamento (UE) n. 651/2014

43 Comunicazione del 20 novembre 2007 sui servizi di interesse economico generale [COM(2007)725]

44 La Commissione nella Comunicazione del 20 novembre 2007 sui servizi di interesse economico generale ha sviluppato le indicazioni elaborate dalla giurisprudenza della Corte di giustizia (in particolare la fondamentale sentenza Altmark del 2003) e da una serie di altri documenti della Commissione. Per criteri Altmark s'intendono le condizioni indicate dalla sentenza della Corte di giustizia in base alle quali la compensazione per un servizio d'interesse

economico generale non dovrebbe essere considerata aiuto di Stato. In breve: i) l'attività deve essere un servizio d'interesse economico generale e i suoi compiti ed obblighi chiaramente definiti; ii) i parametri sulla base dei quali viene calcolata la compensazione dei costi del servizio pubblico devono essere previamente definiti in modo obiettivo e trasparente; iii) la compensazione non può eccedere quanto necessario per coprire i costi del servizio nonché un margine di utile ragionevole per l'adempimento di tali obblighi (ossia nessuna sovra compensazione); e iv) la compensazione è determinata in base a una procedura di appalto pubblico oppure, se tale procedura non ha luogo, la compensazione dell'impresa incaricata dell'esecuzione degli obblighi di servizio pubblico deve essere terminata sulla base di un'analisi dei costi di un'impresa media gestita in modo efficiente.

45 Regolamento UE 1407/2013

46 Decisione della Commissione, 2012/21/UE del 20 dicembre 2011 , riguardante l'applicazione delle disposizioni dell'articolo 106, paragrafo 2, del trattato sul funzionamento dell'Unione europea agli aiuti di Stato sotto forma di compensazione degli obblighi di servizio pubblico, concessi a determinate imprese incaricate della gestione di servizi di interesse economico generale [notificata con il numero C(2011) 9380]

47 BRUNO A. "Aiuti di stato...", ibidem, pag. 5

48 Nel linguaggio europeo la comunicazione 262/16 è definita NOA (nozione di aiuto di Stato)

49 "Nell'analisi della Commissione è da notare che non appaiono dubbi circa la potenziale incidenza sul commercio intracomunitario di aiuti ai musei per grandi eventi che sono capaci di attrarre un pubblico internazionale", cfr, la nota 71 del testo Unioncamere Veneto Eurosportello Veneto "Manuale sugli aiuti di stato per le camere di commercio venete ed enti controllati", di BELLATI, CEVESE, SANTORO, LA BARBERA, 2014

50 Con decisione su aiuto n. NN 43/2007 del 30 aprile 2008, la Commissione ha dichiarato compatibile col trattato un aiuto concesso dalla Repubblica Ceca ai musei pubblici che organizzano importanti mostre. Trattavasi di un fondo di garanzia creato dal Ministero della Cultura al fine di pagare eventuali danni agli oggetti di maggior valore esposti nelle mostre (a partire da circa 4.000 euro). Posto che, a detta dell'autorità ceca, i costi di assicurazione rappresentavano oltre il 50% del totale dei costi di organizzazione delle mostre, il fondo pubblico consentiva un notevole risparmio ai musei che organizzano eventi di grande rilievo. Secondo la

Commissione la misura esaminata consentiva di preservare il patrimonio culturale nazionale senza alterare le condizioni degli scambi e della concorrenza in misura contraria all'interesse comune. Inoltre la Commissione ha sottolineato positivamente che la garanzia riguardava solo oggetti di valore superiore a 4000 euro circa, per cui l'aiuto era mantenuto al livello minimo necessario.

51 Nella sopraccitata decisione 20 dicembre 2006 su aiuto n. N 497/06, la Commissione ha precisato che l'aiuto in questione sarebbe stato compatibile, in quanto la beneficiaria avrebbe svolto nella sede teatrale prevalentemente attività culturale, come concerti e rappresentazioni teatrali. Ai sensi dell'art. 151(4) [ora 167 (4) TFUE] la Comunità deve tener conto degli aspetti culturali nell'azione che svolge a norma di altre disposizioni del trattato. Gli aiuti in esame non parevano condizionare gli scambi in misura contraria al comune interesse. L'incidenza sugli scambi non poteva che essere minima, l'importo si avvicinava alla nuova soglia de minimis, e l'aiuto spalmato sul numero di eventi avrebbe comportato una sovvenzione media di circa 5.000 euro, quindi non molto alta.

52 A.AMELOTTI, ibidem, pag. 43: "Attività finanziate prevalentemente (>50%) dai contributi dei visitatori/utenti o attraverso altri mezzi commerciali (quali ad es. cinema, esposizioni ed eventi musicali commerciali) - Attività che favoriscono esclusivamente alcune imprese e non il pubblico in generale (ad es. il restauro di un edificio storico utilizzato da un'impresa privata)". L'ultimo caso relativo ad infrastrutture private per fini privati non interessa questo saggio relativo alle sole attività pubbliche di tutela, valorizzazione e fruizione dui beni culturali pubblici.

53 "In materia di aiuti alla cultura e conservazione del patrimonio, la Comunicazione della Commissione sulla nozione di aiuto di Stato del 19 maggio 2016 ha consentito di fare importanti passi avanti, grazie soprattutto alla pressione del ministero, aprendo la strada alla corretta collocazione - fuori dal mercato - della tutela e valorizzazione dei beni culturali pubblici. In particolare, gli interventi a favore della tutela, gestione e conservazione del patrimonio culturale non costituiscono aiuti di Stato nei casi in cui gli interventi rientrano nelle funzioni essenziali dello Stato o sono connessi a queste funzioni; quando gli interventi non sono prevalentemente finanziati da contributi dei visitatori o degli utilizzatori o da altri mezzi commerciali; quando gli interventi riguardano beni infungibili; quando l'utilizzo economico è puramente ancillare. Ma mentre si è riusciti ad aprire una breccia in tema di così dette "infrastrutture culturali", non si è riusciti a togliere dal campo di applicazione degli aiuti di Stato le FLS. Lo spettacolo resta un'attività eminentemente economica di mercato, nella logica dell'Unione europea, e rimane,

dunque, assoggettato al controllo in tema di aiuti di Stato, sia pur in forma semplificata", tratto da P.CARPENTIERI "Diritto e spettacolo dal vivo Il diritto amministrativo dell'eccellenza musicale italiana: l'organizzazione e il finanziamento delle fondazioni lirico-musicali", su Aedon numero 3, 2018, issn 1127-1345

54 G.SCIULLO "I percorsi della valorizzazione Novità sul partenariato pubblico-privato nella valorizzazione dei beni culturali" in Aedon n. 2, 2009

55 " Il Baldi precisa, però, che "non è aiuto di Stato il finanziamento di eventi artistici o culturali, spettacoli, festival, mostre e altre attività analoghe che non abbiano un intento commerciale, ma rientrino nell'offerta di servizi che la pubblica autorità propone ai cittadini ed a tutte le persone che si trovano nel territorio di propria competenza, anche se provenienti da altri paesi. In definitiva, le attività il cui finanziamento può comportare la presenza di aiuti di Stato sono quelle esemplificate dalla Commissione nel documento citato: esposizioni commerciali, cinema, spettacoli musicali e festival a carattere commerciale; e, per quanto riguarda le infrastrutture, certi spazi che vengono finanziati prevalentemente con gli incassi da eventi a carattere squisitamente o prevalentemente commerciale", di C.E.BALDI "Finanziamento della cultura e regole di concorrenza. Nuove prospettive dal ripensamento della Commissione europea" in AEDON 2018, 3, pag. 3. La Nota a piè pagina n.50 della Comunicazione precisa ancora che il finanziamento pubblico non rientra tra le norme in materia di aiuti di Stato per infrastrutture usate quasi esclusivamente per attività non economiche. La Commissione ritiene che non ha effetto sugli scambi il finanziamento pubblico concesso per servizi comunemente aggiuntivi a infrastrutture utilizzate per attività non economiche. Nello specifico – non ha incidenza alcuna sugli scambi il finanziamento pubblico concesso ai servizi forniti nell'ambito di attività culturali e di conservazione del patrimonio (per esempio - negozi, bar, guardaroba di un museo). Tanto a condizione che l'uso economico rimanga puramente accessorio, che l'attività sia direttamente connessa all'utilizzo dell'infrastruttura o necessaria o intrinsecamente legata al suo uso principale (non economico). Condizione soddisfatta se le attività economiche necessitano degli stessi fattori produttivi delle attività principali (non economiche), cfr, A.AMELOTTI, ibidem, pag. 46. si segnala sul tema il Tar Lazio, sez. II, 7 luglio 2017, n. 8009. Per il d.m. 29.1.2008 (sulle modalità di affidamento a privati dei servizi aggiuntivi negli istituti e luoghi della cultura) i servizi aggiuntivi sono "i servizi di assistenza culturale, di accoglienza e di ospitalità per il pubblico, nonché ogni altro servizio strumentale alla migliore valorizzazione e fruizione degli istituti e dei luoghi della cultura" (art. 1, lett. d). Si veda PIPERATA, La nuova disciplina dei servizi

aggiuntivi dei musei statali, in Aedon, 2008, 2 vi rientra "qualsiasi altra iniziativa di servizio di ausilio ai compiti principali di fruizione e valorizzazione e con l'obiettivo di favorire la maggiore conoscenza e il godimento del bene da parte dei fruitori"

[56] Sulla strutturazione dell'impresa culturale si veda innanzitutto, G.BOSI, in "L'impresa culturale", Il Mulino, Bologna 2017 e sui temi più generali di rapporto tra pubblico e privato si veda M.FIORILLO, in "Fra stato e mercato: spunti in tema di costituzione economica, costituzione culturale e cittadinanza" su A.I.C. Rivista N°: 2/2018, del 13/05/2018 e P.FORTE "Considerazioni sparse sull'impresa culturale", Impresa Cultura. Creatività, Partecipazione, Competitività, XIII Rapporto Annuale Federculture, ROMA, Gangemi, pp. 17–28, 2017.

[57] Dopo il Reg. 651 si è aperto un acceso dibattito pubblico sull'applicabilità del regime degli aiuti di Stato al settore culturale. La Conferenza delle Regioni e delle Province autonome è intervenuta più volte. Il 24 luglio 2013, con documento 13/079/CR8/C3/C6"Analisi e proposta delle Regioni e delle Province Autonome sull'applicazione delle regole in materia di aiuti di stato alla cultura" ha sostenuto che le regole del Trattato che disciplinano gli aiuti di Stato "non possano e non debbano essere applicate a quelle sfere dell'attività pubblica che vedono lo Stato svolgere la propria missione istituzionale quale è la garanzia e la promozione del patrimonio culturale e paesaggistico di un territorio –quello europeo –valorizzandone le potenzialità, che nella sua storia e nelle sue tradizioni può trovare occasioni di sviluppo e di competitività con il mondo esterno all'Unione" e per tale via ritengono che "il sostegno pubblico finalizzato alla conservazione, valorizzazione e promozione del patrimonio culturale non configuri aiuto di Stato". Nello stesso senso, Conferenza delle Regioni e delle Province autonome,18 febbraio 2015, documento 15/10/CR7bis/C3 e Conferenza delle Regioni e delle Province autonome,25 marzo 2015, documento 15/27/CR07bis/C3

[58] C.E.BALDI in AEDON 2018, 2, "L'intervento pubblico in campo culturale. Il faticoso iter di linee guida condivise", pag. 5, ancora si veda "Finanziamento della cultura e regole di concorrenza" di C.E.BALDI in AEDON 2016, 3.

[59] un'impresa culturale gestrice in concessione di un luogo della cultura che, per il ragionevole motivo di volere usufruire di un credito d'imposta pari al 30% dei costi per "attività di sviluppo, produzione e promozione di prodotti e servizi culturali e creativi" dovesse essere classificata come "impresa culturale e creativa" (ex-comma 57 dell'articolo 1 della Legge di Bilancio 2018 (L.205/2017) non potrà anche essere, causa la collocazione nell'ambito delle attività economiche

sottoposte al regime degli aiuti di Stato, un'impresa del terzo settore. Ovvero non potrà beneficiare delle agevolazioni, previste dal Codice del Terzo Settore o dalla normativa per le Imprese Sociali, tanto di tipo fiscale quanto di tipo amministrativo (accreditamenti, co-progettazione, convenzioni, etc.) nel rapporto concessorio con le pubbliche amministrazioni per gestione indiretta di attività di valorizzazione ed altro16. Ancor di più, lo vedremo meglio tra poco, allorché a mezzo di altre agevolazioni (fiscali, contributive o sul credito, etc.) dovesse superare il limite del 49% di agevolazioni sui costi (ovvero 30+20) ricadrebbe nella normativa sugli aiuti di Stato e, dunque, a procedure di revoca degli aiuti stessi (BRUNO A."Nuove considerazioni in tema di aiuti di stato per imprese culturali e creative: tassonomie generiche,contrasti normativi e programmazione 2021-2027" pubblicato il 4 novembre 2020, su "www.ildirittoamministrativo.it", pag. 9)

[60] Si consenta citare A.BRUNO "Confutazioni e soluzioni per l'applicazione del D.lgs 228/11 al settore dei beni culturali" in diritto.it Diritto & Diritti ISSN 1127-8579, 27 giugno 2018, pag 30 e ss

[61] Sul tema dei LEP si veda il pregevole saggio di S.CAVALIERE "i livelli essenziali delle prestazioni e i nuovi "diritti culturali" in Rivista AIC Associazione Italiana Costituzionalisti n.3/2017

[62] Nel luglio e settembre 2015 le assemblee sindacali dei dipendenti preposti alla gestione di alcuni musei romani, degli scavi di Pompei e del Colosseo, impedirono ai turisti di visitare tali importanti luoghi d'arte. Il Governo, per placare le polemiche, emanò norme, per forza di cose, strettamente correlate alla vicenda concreta. Questo avvenne con il sopraccitato D.L. 20 settembre 2015, n. 146, recante "misure urgenti per la fruizione del patrimonio storico e artistico della Nazione", convertito con modificazioni dalla l. 12 novembre 2015, n. 182. Il decreto ha, con l'intento di garantire al massimo la fruizione pubblica dei beni culturali, equiparato, esplicitamente, gli scioperi riguardanti l'apertura al pubblico dei musei, degli altri istituti e dei luoghi della cultura a quelli relativi ai servizi pubblici essenziali, come l'istruzione e i trasporti, soggetti alle specifiche procedure previste nella l. n. 146/1990.

Il decreto legge si componeva di due articoli, la legge di conversione ha poi aggiunto l'art. 01 e l'art. 1 bis. L'art. 1 stabilisce che all'articolo 1, comma 2, lettera a), della l. n. 146/1993, dopo le parole: "di vigilanza sui beni culturali;" siano aggiunte le seguenti: "l'apertura al pubblico regolamentata di musei e altri istituti e luoghi della cultura, di cui all'articolo 101, comma 3, del codice dei beni culturali e del paesaggio (decreto legislativo 22 gennaio 2004, n. 42).

L'art.01 ha aggiunto, come detto, che "in attuazione dell'articolo 9 della Costituzione, la tutela, la fruizione e la valorizzazione del patrimonio culturale sono attività che rientrano tra i livelli essenziali delle prestazioni di cui all'articolo 117, secondo comma, lettera m), della Costituzione".

Nell'ambito dei servizi pubblici essenziali l'esercizio del diritto di sciopero implica che le amministrazioni o le imprese erogatrici del servizio e le rappresentanze dei lavoratori convengano le prestazioni indispensabili, le modalità e le procedure di erogazione da assicurare al pubblico, le quali dovranno essere incluse nei contratti collettivi, o in accordi.

Un'apposita Commissione di Garanzia, inoltre, è tenuta a valutare l'idoneità di detti accordi e, in caso di valutazione negativa, può emanare una provvisoria regolamentazione che vincola le parti fino al raggiungimento di un accordo idoneo. I soggetti che proclamano lo sciopero devono comunicare, almeno 10 giorni prima dello stesso, alle amministrazioni o alle imprese che erogano il servizio, durata, modalità e motivazione dell'astensione collettiva. La Commissione di garanzia ha anche il potere di vigilare sulle procedure di esercizio del diritto di sciopero e può, nei casi più gravi, sanzionare le organizzazioni sindacali. I lavoratori dei servizi pubblici essenziali, inoltre, possono pure essere precettati dal Prefetto o dal Presidente del Consiglio.

[63] Si veda sul tema "Measuring the economic contribution of cultural industries": A review and assessment of current methodological approaches - 2009 UNESCO Framework for Cultural Statistics Handbook No. 1, da cui traiamo la seguente conclusione: "Cultural industries are increasingly becoming important components of the modern economy and knowledge-based society due to their impact on the enrichment of development. The culture sector generates two types of impacts: non-economic and economic. The non-economic impacts that cultural industries have on social development can be seen in the field of social cohesion and integration of marginalised groups, building of a new value system, affirmation of creativity, talents and excellence development of cultural diversity, national identity and the identity of different cultural groups, facilitating creativity and innovation".

[64] Sul tema si rimanda ancora ad A.BRUNO "Confutazioni e soluzioni per l'applicazione del D.lgs 228/11 al settore dei beni culturali" in diritto.it Diritto & Diritti ISSN 1127-8579, 27 giugno 2018.

65 "L'indagine ha evidenziato, inoltre, come non vi sia stata alcuna esperienza applicativa di finanza di progetto (project financing), rilevando che l'insuccesso di tale modello di partenariato pubblico-privato nel campo della valorizzazione del patrimonio storico-artistico è ascrivibile, in massima parte, ad incertezze sul piano della regolamentazione", Deliberazione n. 8/2016/G CORTE DEI CONTI Sezione centrale di controllo sulla gestione delle amministrazioni dello Stato - Adunanza dei collegi I e II e del collegio per il controllo sulle entrate del 20 giugno 2016 e Camera di consiglio del 19 luglio 2016, pag. 14

66 Vedasi il D.Lgs 117/17 articoli 78 e 81

67 A.BRUNO "Confutazioni e soluzioni, ibidem, pag. 18

68 "By active cultural participation, we mean a situation in which individuals do not limit themselves to absorb passively cultural stimuli, but are motivated to make use of their skills to contribute to the process: Not simply hearing music, but playing; not simply reading texts, but writing, and so on. By doing so, individuals challenge themselves to expand their capacity of expression, to re-negotiate their expectations and beliefs, to reshape their own social identity" in "Culture 3.0. Cultural participation as a source of new forms of economic and social value creation: A European perspective P. L.SACCO, G. FERILLI, G. TAVANO BLESSI, pag. 29

69 A.BRUNO "Confutazioni e soluzioni, ibidem, pag. 24

70 A.L.TARASCO, Il patrimonio culturale, modelli di gestione e finanza pubblica, Napoli, 2017, p.142.

71 P.ROSSI "Partenariato pubblico-privato e valorizzazione economica dei beni culturali nella riforma del codice degli appalti" su Federalismi.it del 17 gennaio 2018. pag.3

72 In generale, A.L.TARASCO, Il patrimonio culturale, modelli di gestione e finanza pubblica, Napoli, 2017 e A.L.TARASCO "Diritto e gestione del patrimonio culturale", Laterza 2019,

73 A.L.TARASCO, Il patrimonio culturale, modelli di gestione e finanza pubblica, Napoli, 2017, p.151.

74 Per concessioni e project finance nel settore culturale si rinvia a P. CARPENTIERI, La gestione dei beni culturali e la finanza di progetto, in G.F. CARTEI E M. RICCHi (a cura di), Finanza di progetto. Temi e prospettive, Napoli, 2010, p. 351, P. MICHIARA, La finanza di progetto nei beni culturali, in Aedon, Rivista di arti e diritto on line, 2008, 1, e, del medesimo

Autore, "Considerazioni sulla partecipazione dei privati nella gestione dei beni culturali di appartenenza pubblica", in I beni pubblici. Tutela, valorizzazione e gestione, a cura di A. Police, Milano, 2008, p. 393 ss. Circa la cancellazione del PPP dal settore dei beni culturali ed, in particolare, sulle problematiche causate dalle norme Eurostat (MGDD, Manual on Government Deficit and Debt del 2010 e EPEC, EUROSTAT, EIB "A guide to statistical treatment of PPPs", 2016) e dalle norme (art.53 del Regolamento UE 651/2014 e Comunicazione 262/16) derivate dalla pronuncia della Corte di Giustizia Europea Leipzig-Halle del dicembre 2012, si consenta rinviare ad A.BRUNO, "PPP, "Public private partnership ed indicazioni soft-law di Eurostat – profili di illogicità e di possibile danno", su www.diritto.it del 10 ottobre 2017 ISSN 1127-8579 e A.BRUNO "Aiuti di Stato...op.cit, pag.10. In senso contrario, G. SCIULLO, "La gestione dei servizi culturali tra Codice Urbani e Codice dei contratti pubblici", in Aedon, 1/2018, il quale propende per l'integrazione tra i due sistemi normativi causa la primazia delle norme europee. Idem C.Napolitano per la quale l'aggravamento dei rischi del PPP (costruzione, domanda e disponibilità) con i rischi derivanti dalla tutela dei beni culturali "non è inconciliabile con l'incentivazione dell'intervento privato nella gestione del bene" poiché 1) "la P.A. non ha un ruolo solo "passivo", 2) "la testimonianza materiale di valore" consente "strumentalizzarlo positivamente al fine di annullare o almeno mitigare eventuali fluttuazioni del livello di interesse fruitivo da parte del potenziale bacino di utenza", C.NAPOLITANO"Il partenariato pubblico-privato nel diritto dei beni culturali" in diritto-amministrativo.org, pag.15-16

[75] Sul tema dell'abolizione dei richiami nel Codice Contratti e nel DPR 207/10 si veda, A.BRUNO, "P.P.P. e beni culturali : ragioni di un cambio di rotta legislativo e conseguenze sull'impianto ordinamentale" in ildirittoamministrativo.it, pag. 10 e ss.

[76] l'Autorità di vigilanza sui contratti pubblici (AVCP), con deliberazione del 22 aprile 2009, n. 37, ha affermato che è conforme al disposto dell'art. 197, c. 3, la concessione ai privati della gestione temporanea di beni culturali sottoposti a tutela ai sensi del d.lgs. n. 42/2004, mediante l'istituto del project financing, essendo la fruizione pubblica di tali beni compatibile con la gestione privata di una parte minoritaria degli stessi

[77] A.BRUNO "Confutazioni ...ibidem, pag.15

[78] Commissione di supporto giuridico-amministrativo per l'esame dello schema di regolamento unico recante disposizioni di esecuzione, attuazione e integrazione del codice dei contratti pubblici di cui al decreto legislativo 18 aprile 2016, n. 50 schema di regolamento di esecuzione,

attuazione e integrazione del decreto legislativo 18 aprile 2016, n. 50, recante "codice dei contratti pubblici", Parte V

[79] Ancora residua nell'ordinamento una norma di rango secondario quella del DM 29 gennaio 2008 recante "Modalita' di affidamento a privati e di gestione integrata dei servizi aggiuntivi presso istituti e luoghi della cultura" (GU n. 88 del 14-4-2008). Il comma 6 prevede che: "previa autorizzazione della direzione generale per il bilancio e la programmazione economica, la promozione, la qualita' e la standardizzazione delle procedure e delle direzioni generali competenti per materia, in presenza di particolari esigenze che comportino, a titolo esemplificativo, l'apertura al pubblico di nuovi luoghi di cultura ovvero interventi complessi, quali ristrutturazioni, restauri, adeguamenti funzionali, riallestimenti, inseriti nella programmazione triennale o negli altri strumenti di programmazione del Ministero, l'amministrazione procedente puo' anche ricorrere alle procedure di cui agli articoli 152 e seguenti del decreto legislativo 12 aprile 2006, n. 163, e successive modificazioni". Certamente tale norma di rango secondario rispetto al complesso dei mancati rimandi dovuti alle abrogazioni degli strumenti normativi e regolamentari non sarebbe più applicabile nel 6 comma relativo all'utilizzo della finanza di progetto all'epoca normata dagli articoli 152 e 153 e smi del vecchio codice dei contratti. Mentre sarebbe possibile usare nei tale DM nei casi previsti dall'articolo 1 commi 303-305 della legge 30 dicembre 2004, n.311 che prevede che i beni culturali di cui all'articolo 10 comma 1 del Codice per l'uso dei quali attualmente non è corrisposto alcun canone e che richiedono interventi di restauro sono concessi in uso a privati con pagamento di un canone fissato da competenti organi. Il concessionario realizza a proprie spese gli interventi di restauro e conservazione. Dal canone di concessione vengono detratte le spese sostenute dal concessionario per il restauro entro il limite massimo del canone stesso. Il concessionario è obbligato a rendere fruibile il bene da parte del pubblico con le modalità e i tempi stabiliti nell'atto di concessione o in apposita convenzione unita all'atto stesso. Il primo bando avente ad oggetto la concessione a terzi soggetti no-profit di tredici immobili di interesse culturale è stato pubblicato con decreto del Direttore generale Musei del MiBACT del 28 ottobre 2016. Due criticità sia consentito citarle: 1. il citato decreto prevede l'obbligo di un PEF asseverato da parte dei detti soggetti no-profit (un perfetto ossimoro chiedere un business plan a chi non può fare business); 2. appunto avere ristretto l'applicazione ai soggetti no-profit, cosa non prevista dalla legge.

80 Cfr., P. CARPENTIERI in "Il Partenariato pubblico-privato nel campo dei beni culturali", in Impresa e Cultura 13° rapporto annuale Federculture, Gangemi 2017 pag. 101 e 102

81 La CORTE COSTITUZIONALE con le sentenze n. 131/2020 e n. 255/20 ha attribuito copertura costituzionale ai rapporti ex art. 55 (Compartecipazione) del Codice del Terzo Settore nel senso dell' "amministrazione condivisa" di cui agli articoli 55-57 del Codice del terzo settore.

82 Purtuttavia, al di là della strategicità costituzionale, si dibatte da anni sulla possibilità di non fare previe stime di fatturati per le concessioni minori che de facto escluderebbero molte realtà del terzo settore. Circa la possibile previsione di non applicazione delle stime dei fatturati per le concessioni di minore valore (ad esempio nel terzo settore), si veda in senso negativo TAR Toscana, Sez. II, 1 febbraio 2017, n. 173 ed ancora CONS. STATO, Sez.III, 11 gennaio 2018, n. 127, CONS. STATO,20 febbraio 2017 n. 748, CONS. STATO, Sez. III, 18 ottobre 2016, n. 4343. In senso favorevole, TAR Piemonte, sez. I, 17 maggio 2018, n. 622e TAR Venezia, Sez. III, 7 marzo 2017, n. 231. ANAC con delibera 327 del 28 marzo 2018, ha stabilito che la determinazione del valore presunto del contratto "persegue l'obiettivo di evitare possibili elusioni della normativa comunitaria" per "formulare un'offerta economica consapevole" (AVCP, delibera n. 40 del 19 dicembre 2013). Questo il punto: viste le recenti sentenze della Corte Costituzionale qui più volte citate (le 131 e 255 del 2020) circa la non applicazione della normativa europea sulla concorrenza al terzo settore per i valori di solidarietà e sussidiarietà rappresentati, come giustificare tale obbligo di stima dei fatturati ove applicato alle concessioni per il terzo settore di cui all'art. 71 comma 3 e 89 comma 17 del D.Lgs 117/17? E' anche vero che vi è un tema di indebito vantaggio concorrenziale al concessionario uscente, posto in luce giustamente dal TAR Toscana, Sez. II, 24 aprile 20017, n. 593. Rimane comunque il tema della posizione costituzionalmente strategica del terzo settore che giustifica la non applicazione della normativa concorrenziale europea al settore, e dunque la disapplicazione del Codice Contratti,

83 i) All'art. 30, comma 8, d.lgs. 50/2016, sono state inserite le parole sotto indicate in corsivo, ottenendosi così il seguente risultato: "Per quanto non espressamente previsto nel presente codice e negli atti attuativi, alle procedure di affidamento e alle altre attività amministrative in materia di contratti pubblici nonché di forme di coinvolgimento degli enti del Terzo settore previste dal titolo VII del decreto legislativo 3 luglio 2017, n. 117 si applicano le disposizioni di cui alla legge 7 agosto 1990, n. 241, alla stipula del contratto e alla fase di esecuzione si applicano le disposizioni del codice civile". In tal modo, anche gli istituti "collaborativi" di cui agli articoli 55-57 del Codice del terzo settore finiscono per essere disciplinati dalle disposizioni della legge

241/1990 per quanto non previsto dai medesimi articoli 55-57 ed eventualmente dal Codice dei contratti pubblici, ove ritenuto applicabile a tali istituti quanto meno in via residuale. ii) All'art. 59, comma 1, d.lgs. 50/2016, sono state premesse le seguenti parole: "Fermo restando quanto previsto dal titolo VII del decreto legislativo 3 luglio 2017, n. 117", il che vuol dire che quanto segue nell'articolo medesimo – ovvero "Nell'aggiudicazione di appalti pubblici, le stazioni appaltanti utilizzano le procedure aperte o ristrette, previa pubblicazione di un bando o avviso di indizione di gara ..." – cede il passo alle forme e modalità di affidamento di cui agli articoli 55-57 del Codice del terzo settore, che devono dunque svolgersi secondo queste ultime regole particolari, loro dedicate dal legislatore della riforma del terzo settore, e non già secondo le regole di cui al Codice dei contratti pubblici. iii) Parole analoghe sono state inserite nell'art. 140, comma 1, d.lgs. 50/2016, che disciplina gli appalti di servizi sociali (i più diretti "concorrenti" degli affidamenti di servizi ai sensi degli articoli 55 e 56 del Codice del terzo settore), sicché adesso l'articolo medesimo così recita: "Gli appalti di servizi sociali e di altri servizi specifici di cui all'allegato IX sono aggiudicati in applicazione degli articoli 142, 143, 144, salvo quanto disposto nel presente articolo e fermo restando quanto previsto dal titolo VII del decreto legislativo 3 luglio 2017, n. 117". Con la formula del "fermo restando", il legislatore sembra aver attribuito, nel rapporto tra Codice dei contratti pubblici e Codice del terzo settore, priorità a quest'ultimo.

84 L'autrice fa riferimento ad un parere del Consiglio di Stato, ampiamente superato dalle due sentenze della CORTE COSTITUZIONALE (sentenze n. 131/2020 e n. 255/20). Nell'Adunanza della Commissione Speciale el 26 luglio 2018, Parere numero 2052, aveva stabilito come si debbano ritenere estranee al Codice dei Contratti le procedure di accreditamento libero e le procedure di co-progettazione e partenariato finalizzate a rapporti puramente gratuiti: le procedure previste dal Codice del Terzo Settore configurano appalti di servizi sociali e, pertanto, sono sottoposte anche alla disciplina del Codice dei Contratti Pubblici, che si affianca, integrandola, a quella del Codice del Terzo Settore , cfr. L.PONZONE "Codice degli appalti pubblici ragionato", 2020, Nel Diritto, Pag. 31. L'autrice non cita nè prende in considerazione le recenti sentenze della CORTE COSTITUZIONALE.

85 L.PONZONE "Codice ...ibidem

86 L'art. 56 del D.Lgs 117/17 al 1 comma prevede "Le amministrazioni pubbliche di cui all'articolo 1, comma 2, del decreto legislativo 30 marzo 2001, n. 165, possono sottoscrivere con
le organizzazioni di volontariato e le associazioni di promozione sociale, iscritte da almeno sei

mesi nel Registro unico nazionale del Terzo settore, convenzioni finalizzate allo svolgimento in favore di terzi di attività o servizi sociali di interesse generale, se più favorevoli rispetto al ricorso al mercato.

87 Sul tema si veda A.BRUNO "Confutazioni ...ibidem, pag. 5 e ss.

88 Nella presentazione sul sito istituzionale della circolare 45/19 della DG Musei MiBACT, a firma dei dirigenti A.L.TARASCO e A.LAMPIS, veniva significativamente scritto: "Un istituto di particolare rilievo che, vista la sua formulazione ampia e generica, può essere applicato a molti tipi e cause contrattuali, non prevedibili a priori, che ruotano dalla fornitura di servizi di progettazione all'assistenza museale, dall'allestimento e presentazione di istituti e luoghi della cultura per la pubblica fruizione fino alla consulenza organizzativa". Il rapporto pubblico privato della forma speciale di partenariato, dice il Carpentieri, può raffigurarsi in una dinamica a "formazione progressiva" resa favorevole dalla genericità della previsione di legge. Con step successivi, da un primo rapporto di mecenatismo, si potrebbe secondo l'autore sviluppare, un legame di maggiore spessore all'interno del quale possono confluire apporti e rapporti di varia natura, la donazione di servizi, la formazione sul campo, la collaborazione per gli scavi archeologici, azioni di informazione e coesione sociale sul territorio, progetti di fruizione e valorizzazione, etc.. Si veda P.CARPENTIERI"Il Partenariato pubblico-privato nel campo dei beni culturali", in Impresa e Cultura 13° rapporto annuale Federculture, Gangemi 2017

89 Per i concetti relativi al rischio di domanda, disponibilità e costruzione del PPP si rimanda al saggio A.BRUNO "Public private partnership e indicazioni soft-law di Eurostat" pubblicato su diritto.it il 12 novembre 2017

90 La norma della L. 120/20 ha modificato il comma 3 dell'art.151 del D.Lgs 50/16 prevedendo che per assicurare la fruizione del patrimonio culturale della Nazione e favorire altresì la ricerca scientifica applicata alla tutela, oltre al Ministero dei beni e delle attività culturali e del turismo, anche le regioni e gli enti territoriali possano, con le risorse umane, finanziarie e strumentali disponibili a legislazione vigente, attivare forme speciali di partenariato con enti e organismi pubblici e con soggetti privati, dirette a consentire il recupero, il restauro, la manutenzione programmata, la gestione,l'apertura alla pubblica fruizione e la valorizzazione di beni culturali immobili, attraverso procedure semplificate di individuazione del partner privato analoghe o ulteriori rispetto a quelle previste dal comma 1. La novella ha poi aggiunto un ultimo periodo: "Resta fermo quanto previsto ai sensi dell'articolo 106, comma 2-bis, del codice dei beni

culturali e del paesaggio, di cui al decreto legislativo 22 gennaio 2004, n. 42.

91 A.BRUNO Public private partnership e indicazioni soft-law di Eurostat in diritto.it Diritto & Diritti ISSN 1127-8579, novembre 2017, pag 5 e ss

[92] G.DEZIO "Le concessioni demaniali alla luce delle recenti prospettive di riforma" in ildirittoamministrativo.it, nota 30 pag.10

[93] Sulla sentenza si veda A.DOTTO Attività di valore storico-culturale: niente gara per il rinnovo delle concessioni CONSIGLIO DI STATO, sez. V, sentenza 03/09/2018 n° 5157 su Altalex / Wolters Kluwer, pag.5: "la sentenza legittima un principio logico-giuridico (secondo canoni già noti e principi già riconosciuti) per cui, partendo dal riconoscimento del potere di autogoverno, autotutela e valorizzazione del patrimonio (anche) immobiliare di cui è titolare nell'ordinamento, ciascun Ente può (e, forse, deve) disporre di una esplicita e chiara regolamentazione di indirizzo e di criterio per il riconoscimento – da un punto di vista concreto e sostanziale – dei segnali di ricorrenza dei "motivi imperativi di interesse generale"

[94] Il Codice dei Contratti Pubblici riporta l'Allegato 4 nell'Allegato IX e specifica che trattasi dei Servizi di cui agli articoli 140, 143 (appalti riservati in particolare). Sono i servizi amministrativi, sociali, in materia di istruzione, assistenza sanitaria e cultura distinti per CODICE CPV 85321000-5 e 85322000-2, 75000000-6 [Servizi di pubblica amministrazione e difesa e servizi di previdenza sociale], 75121000-0, 75122000-7, 75124000-1; da 79995000-5 a 79995200-7; da 80000000-4 [Servizi di istruzione e formazione] a 80660000-8; da 92000000-1 a 92700000-8 79950000-8 [Servizi di organizzazione di mostre, fiere e congressi], 79951000-5 [Servizi di organizzazione di seminari], 79952000-2 [Servizi di organizzazione di eventi], 79952100-3 [Servizi di organizzazione di eventi culturali], 79953000-9 [Servizi di organizzazione di festival], 79954000-6 [Servizi di organizzazione di feste], 79955000-3 [Servizi di organizzazione di sfilate di moda], 79956000-0 [Servizi di organizzazione di fiere ed esposizioni]

[95] Sull'art.55 si veda il controverso parere del CONS.STATO, Parere 20 agosto 2018, n. 2052 reso su richiesta ANAC espressa a mezzo nota prot.n. 59638 del 6 luglio 2018. Si segnalano alcuni commenti in "Gli appalti di servizi sociali e Codice del Terzo Settore" - Giurdanella.it e "Se fossero gli appalti a favorire la corruzione" di S.DE CARLI, 23.09.2018, in www.vita.it

[96] Citiamo un passaggio della Sentenza della CORTE COSTITUZIONALE n.131/20 "(...) Del resto, lo stesso diritto dell'Unione – anche secondo le recenti direttive 2014/24/UE del Parlamento europeo e del Consiglio, del 26 febbraio 2014, sugli appalti pubblici e 2014/23/UE del Parlamento Europeo e del Consiglio, del 26 febbraio 2014, sull'aggiudicazione dei contratti di concessione, nonché in base alla relativa giurisprudenza della Corte di giustizia (in particolare CGUE, quinta sezione, sentenza 28 gennaio 2016, in causa C-50/14, CASTA e a. e CGUE, quinta sezione, sentenza 11 dicembre 2014, in causa C-113/13, Azienda sanitaria locale n. 5 «Spezzino» e a., che tendono a smorzare la dicotomia conflittuale fra i valori della concorrenza e quelli della solidarietà) – mantiene, a ben vedere, in capo agli Stati membri la possibilità di apprestare, in relazione ad attività a spiccata valenza sociale, un modello organizzativo ispirato non al principio di concorrenza ma a quello di solidarietà (sempre che le organizzazioni non lucrative contribuiscano, in condizioni di pari trattamento, in modo effettivo e trasparente al perseguimento delle finalità sociali)". Nello stesso senso la sentenza della SUPREMA CORTE n.255/20 parla di (..) "facoltà ai sensi della direttiva2014/24/UE, del Parlamento europeo e del Consiglio, del 26 febbraio 2014, sugli appalti pubblici e che abroga la direttiva 2004/18/CE...... (degli) Stati membri.......(di) prevedere l'affidamento tramite modalità estranee al regime dei contratti pubblici o comunque attraverso un regime di evidenza pubblica alleggerito".

[97] Art. 3 comma 2 punto vv) prevede che la «concessione di servizi», è un contratto a titolo oneroso stipulato per iscritto in virtù del quale una o più stazioni appaltanti affidano a uno o più operatori economici la fornitura e la gestione di servizi diversi dall'esecuzione di lavori di cui alla lettera ll) riconoscendo a titolo di corrispettivo unicamente il diritto di gestire i servizi oggetto del contratto o tale diritto accompagnato da un prezzo, con assunzione in capo al concessionario del rischio operativo legato alla gestione dei servizi. Sulla definizione di concessione di servizi si segnala la pronuncia del CONS.STATO, Sez.V, 21 marzo 2018, n. 1811, in ordine alla traslazione del rischio operativo di cui aveva peraltro già trattato l'Adunanza Plenaria del CONS.STATO, 27 luglio 2016, n. 22. Riportiamo un passaggio della pronuncia del CONS.STATO, Sez.V, 21 marzo 2018, n. 1811: "La giurisprudenza europea, prima dell'entrata in vigore della Direttiva del Parlamento europeo del Consiglio 2014/23/UE, ha chiarito che elemento decisivo ai fini della qualificazione dell'affidamento di un certo servizio come concessione risiede nel trasferimento del rischio (cfr. Corte giustizia Comunità europee, 13 novembre 2008, C-437/07, Commissione c. Italia), specificando ulteriormente che il rischio va inteso come esposizione all'alea di mercato che ricorre, in primo luogo, nel caso in cui, essendo la remunerazione del servizio garantita da soggetti terzi rispetto all'amministrazione, l'operatore

economico può trovarsi nella situazione in cui il ricavato dell'attività svolta a favore dei terzi non consente la copertura integrale dei costi sostenuti (cfr. CGUE, 10 marzo 2011, C-274/09, Strong Segurança SA), mentre non assumono rilevanza i rischi legati a una cattiva gestione o ad errori di valutazione da parte dell'operatore economico poiché insiti in qualsiasi contratto, indipendentemente dal fatto che quest'ultimo sia riconducibile alla tipologia dell'appalto pubblico di servizi ovvero a quella della concessione di servizi (cfr. CGUE, 10 novembre 2011, C-348/10, Norma-A Sia). A sua volta la giurisprudenza nazionale ha, dapprima, attribuito rilevanza alla struttura del rapporto, che intercorre tra due soggetti (stazione appaltante e appaltatore) nel caso dell'appalto di servizi ed invece tra tre soggetti (amministrazione concedente, concessionario ed utente) nel caso della concessione di servizi (cfr. CONS.STATO, Adunanza plenaria, 7 maggio 2013, n. 13), per poi indicare nel rischio economico l'elemento qualificante la concessione (cfr. CONS.STATO, sez. VI, 21 maggio 2014, n. 2624 e Cass. civ., Sezioni Unite, 20 aprile 2017, n. 9965)".

98 La testè citata sentenza del CONS.STATO, Sez. V, 21 marzo 2018, n. 1811 si sofferma sulla differenza tra appalto di servizi e concessione servizi.

99 Sulla questione della differenza tra opere calde e opere tiepide ed opere fredde anche con riferimento alle parti del contratto oggettivamente sperabili, le parti del contratto non oggettivamente separabili e contratto misto con appalto si veda C.GUCCIONE in "Oggetto e durata della concessione" in "Il contenzioso e la giurisprudenza in materia di appalti pubblici" di C.CONTESSA, La Tribuna, 2020, pag. 682 e ss. Si veda poi la definizione data dal CONS.STATO, Adunanza della Commissione Speciale del 21 marzo 2016, n. 855 secondo il quale il PPP contrattuale ha "ad oggetto solo opere fredde".

100 E.MESSINA "Oms, la pandemia di Covid «non è necessariamente la peggiore», è stata «un campanello di allarme», Corriere della Sera, 29 dicembre 2020: "Ora abbiamo le armi del vaccino, ma con il coronavirus «dobbiamo imparare a convivere», afferma il responsabile delle emergenze dell'Organizzazione Mondiale della Sanità, e prepararci a emergenze peggiori".

101 A.BRUNO "Beni culturali digitalizzati" come misura antipandemica: possibili scenari programmatici e regolatori per il "recovery and resilience facility" europeo" su www.diritto.it del 3 novembre 2020;

102 https://en.wikipedia.org/wiki/List_of_airlines_impacted_by_the_COVID-19_pandemic

103 "Warren Buffett ha venduto tutte le azioni delle compagnie aeree: "Ho fatto un errore" su Forbes.it Investimenti 4 Maggio, 2020

104 Si veda A.BRUNO "Strategie per il post covid-19 nel settore culturale : Strumenti per l'applicazione del principio di sussidiarieta' e territorializzazione delle politiche di sviluppo di cui ai nuovi regolamenti europei" su diritto.it del 9 giugno 2020, ove in premessa si fa una panoramica delle posizioni espresse dal Gruppo di Davos e da altre agenzie internazionali

105 Sul tema si veda, infine, anche il saggio A.BRUNO "Strategie per il post Covid-19 nel settore culturale: declinazioni territoriali e sussidiarie per la gestione" su "I bacini culturali e la progettazione sociale orientata all'heritage-making, tra politiche giovanili, innovazione sociale, diversità culturale" Regione Siciliana e Presidenza del Consiglio dei Ministri – Dipartimento per le Politiche Giovanili, Progetto ABACUS, 2020, Editrice All'Insegna del Giglio" ISBN 978-88-9285-006-4 -ISBN 978-88-9285-007-1 2020, pagg.245-267

106 Sul tema del rischio operativo si veda la Comunicazione interpretativa della CE sulle concessioni del 12 aprile 2000, la sentenza CGUE del 10 marzo 2011, causa C-274/09, Stadler. Altrettanto il CONS.STATO, sez.cons. Parere 29 marzo 2017, n. 775 sul rischio operativo che deriva da accordi al di fuori del controllo delle parti, il CONS.STATO, sez.V, sent,.21 marzo 2018, n.1811. Il considerando 19 della Direttiva 2014/23/UE prevede la possibilità di limitare il rischio senza alterare la natura della concessione, ad es.in caso di tariffe regolamentate, compensazioni parziali in caso di forza maggiore, etc. Altrettanto prevede la sentenza CGUE del 10 settembre 2009, causa C-206/08, Eurawasser, per la quale "anche se il rischio è molto ridotto, per poter ritenere sussistente una concessione di serviziè necessario che l'amministrazione aggiudicatrice trasferisca integralmente o, almeno, in misura significativa, al concessionario il rischio di gestione nel quale essa incorre". Il punto interessante circa la forza maggiore determinata dall'insorgenza della pandemia covid-19 e dalle conseguenze economiche sugli equilibri economico finanziari delle concessioni assegnate. Bisognerà in futuro delineare soluzioni normative e/o giurisprudenziali sul tema.

107 Circa l'imputabilità on-shelf (on balance sheet) o meno (off-balance sheet) dei bilanci del PPP si veda CORTE DEI CONTI, Deliberazione 6 febbraio 2017, n. 5/2017/SRCLIG. L'operazione per potersi considerare neutra deve prevedere che il soggetto privato debba assumersi il rischio di costruzione ed uno dei rischi tra disponibilità e domanda. Tra i casi contrattuali presi dalla Corte dei Conti, come esempio dalla casistiche Eurostat, appare la

copertura maggioritaria del finanziamento o la prestazione di garanzie che coprano maggioranza dell'investimento da parte dell'Amministrazione o clausole di risoluzione che prevedano un rimborso della maggior parte delle spese in caso di risoluzione su iniziativa dell'operatore, o pagamenti del canone prima del collaudo positivo dell'opera o canoni pagati a prescindere dal volume e dalla qualità dei servizi erogati. In tutti questi casi si tratta di bilancio PPP imputato on-shelf ovvero a carico dei vincoli del Fiscal Compact. Si veda C.GUCCIONE in "Il PPP e il project financing" in "Il contenzioso e la giurisprudenza in materia di appalti pubblici" di C.CONTESSA, La Tribuna, 2020, pag. 735 e ss.

108 A termini delle Ordinanze della CASSAZIONE, Sez. Un., 27 maggio 2009, n. 12259 e Sez. Un, 20 febbraio 2020, n. 4314, il servizio di biglietteria si configura come un appalto di servizio. Con il nuovo comma 3 dell'art.117 si possono stipulare contratti di appalto tanto per i servizi di pulizia, vigilanza e biglietteria quanto per i servizi aggiuntivi di cui ai commi 1 e 2.

109 Cfr. le Conclusioni del CONSIGLIO UE del 25 novembre 2012 sulla Governance partecipata al patrimonio culturale

110 La nozione di Ssig (o SIG) e di SIEG è stata mutevole nel tempo, pur tuttavia in Europa ogni Stato membro dispone di ampia discrezionalità non solo nell'organizzazione e finanziamento dei Sieg ma anche nella qualificazione di un servizio come Sig.

111 TARASCO distingue la tipologia dei servizi sulla base della natura giuridica dell'attività svolta: "(...) non ogni attività indicata dalle lett. A) e g) è espressione di valorizzazione, secondo la definizione che di questa fornisce l'art.6 Codice: taluni come i servizi di vigilanza e manutenzione (comma 3) possono riconnettersi alla tutela, posto che garantiscono la conservazione dei beni ospitati presso gli istituti e luoghi della cultura; altri sembrano espressione del servizio di pubblica fruizione (di cui all'art. 102 e ss), giacchè consentono l'utilizzazione pubblica del bene, precedendo logicamente la valorizzazione: si pensi al servizio di biglietteria (comma 3), ai servizi di informazione, guida e assistenza didattica (lett.e); solo in parte infine i servizi aggiuntivi si pongono in connessione con la valorizzazione, intervenendo su beni già conservati e resi fruibili, e indirizzandosi a promuovere la conoscenza del patrimonio culturale e ad assicurare le migliori condizioni di utilizzazione e fruizione pubblica", secondo la definizione dell'art. 6 comma 1: è il caso del servizio editoriale e di vendita (lett.a) del servizio per la fornitura di riproduzione e il recapito del prestito bibliotecario (lett.b), dell'organizzazione di mostre e manifestazioni culturali o di iniziative promozionali (...)". Circa la natura giuridica

dell'affidamento a terzi lo stesso TARASCO ancora distingue: "(...) le tipologie astrattamente configurabili oscillano tra l'appalto di servizi, l'autorizzazione all'esercizio dell'attività commerciale e la concessione di servizio pubblico, dipendendo nella sostanza, dallo specifico servizio affidato: nel caso dello svolgimento di un'attività commerciale, come per i servizi di caffetteria, ristorazione e guardaroba (lett.f), è più correttamente configurabile un provvedimento autorizzatorio; nella riproduzione dei beni culturali (lett.a), sembra ravvisarsi una concessione in uso del bene demaniale; diversamente, ad esempio, la gestione esternalizzata delle raccolte discografiche, diapoteche e biblioteche museali (lett.c) appare integrare la concessione di un servizio pubblico vero e proprio (...)"cfr. Sub art. 117, in G. LEONE – A. L. TARASCO, op. cit, pag.740 e pag. 742.

112   A.L.TARASCO "Diritto e gestione del patrimonio culturale", Laterza 2019, pag. 220

113   "I progetti realizzabili in PPP possono essere classificati, così come indicato agli artt. 165 e 180 del D.Lgs. n. 50/2016 e ss.mm.ii, in due tipologie: a) progetti in cui la maggior parte dei ricavi di gestione del concessionario proviene dalla vendita dei servizi resi al mercato (art. 165); b) progetti in cui ricavi di gestione dell'operatore economico provengono dal canone riconosciuto dall'ente concedente e/o da qualsiasi altra forma di contropartita economica ricevuta dal medesimo operatore economico, anche sotto forma di introito diretto della gestione del servizio ad utenza esterna (art. 180)", cfr. "Collaborare per migliorare: il partenariato pubblico-privato, DI F.NICOTRA, su ildirittoamministrativo.it, 24.05.2020, pag. 6.

114   A.BRUNO "Confutazioni e soluzioni per l'applicazione del D.lgs 228/11 al settore dei beni culturali" su diritto.it, ISSN 1127-8579, 2018 pag.34 . CARPENTIERI in "Il Partenariato pubblico-privato nel campo dei beni culturali", in Impresa e Cultura 13° rapporto annuale Federculture, Gangemi 2017 e S.CAVALIERE "i livelli essenziali delle prestazioni e i nuovi "diritti culturali" in Rivista AIC Associazione Italiana Costituzionalisti n.3/2017, pag. 6

115 Sul tema si veda il documento della COMMISSIONE EUROPEA Staff Working Document 3rd Biennal Report on Social Services of General Interest che accompagna la Comunicazione Towards Social Investment for Growth and Cohesion – including implementing the European Social Fund 2014-2020 (Brussels, 20.2.2013 SWD(2013) 40 final, pag. 24

116 Argomenti tratti da A.BRUNO "Aiuti di Stato: nella cultura" www.diritto.it, ISSN 1127-8579, dicembre 2018 pag.9

117 N.BEATRICE "Servizi di interesse generale, il ruolo del Ssn non è economico" su Sanità 24 - Il Sole 24 Ore del 9giugno 2017

118 I Servizi di interesse generale del Servizio sanitario nazionale non esercitano attività economica. Questo è stato anche confermato con la decisione della Commissione europea del 19 dicembre 2012 sul caso Ici-Imu riguardante il Servizio sanitario nazionale Italiano e gli Enti Ecclesiastici, relativo al procedimento di esenzione fiscale di immobili destinati allo svolgimento di attività sociali che ne esclude il carattere economico.

119 TESAURO G., Manuale di diritto dell'Unione europea, Milano, 2015, p.794